Leroy Beskow

El Desprestigio de la Ciencia por las Teorías de los Orígenes

Leroy Beskow

El Desprestigio de la Ciencia por las Teorías de los Orígenes

CREDO EDICIONES

Cover image: www.ingimage.com

Publisher:
CREDO EDICIONES
is a trademark of
International Book Market Service Ltd., member of OmniScriptum Publishing Group
17 Meldrum Street, Beau Bassin 71504, Mauritius

Printed at: see last page
ISBN: 978-613-2-83492-8

EL DESPRESTIGIO DE LA CIENCIA POR LAS TEORÍAS DE LOS ORÍGENES

Leroy E. Beskow

INTRODUCCIÓN

El avance de la ciencia en estos últimos tiempos es realmente sorprendente. Si bien se discute si los que hoy vivimos somos o no más inteligentes que los de las generaciones anteriores, sí podemos asegurar que la cantidad de información que hoy tenemos es tanta, que se requiere de especialistas en todas las ramas del saber, para que en algún momento se pueda concretar una síntesis de todo, y poder tener así un conocimiento generalizado. La clave de este gran avance se debe, principalmente, por los medios electrónicos de archivo del conocimiento mundial, que es actualizado minuto a minuto.

Pero, puesto que estos conocimientos son humanos, es decir, son expuestos pasando por el filtro del hombre de este siglo, con todos los problemas sicológicos y morales que hoy posee, la verdad pura y genuina en algunos casos es expuesta dejando a un lado lo que no se quiere aceptar. Y esto se ve más claramente cuando el conocimiento tiene que ser investigado y expuesto por científicos con fuertes ideologías religiosas o ateas.

Además, llama la atención que hoy, el científico no está actuando con la misma fidelidad científica de antes. Esto lo veremos a continuación cuando hay que investigar mediante conocimientos que tienen que ver con las ciencias de los orígenes, donde el hombre no estuvo presente y requiere de medios indirectos del saber. Es entonces cuando el investigador se siente tentado a introducir sus filosofías; y es cuando también la ciencia en general llega a ser cuestionada por estos teóricos infieles a los cánones del saber. Esto lo veremos al ver la actitud que tuvo, y que ahora tiene la National Academy of Sciences (NAS) ("Academia Nacional de Ciencias" de los EE.UU.), líder mundial en ciencias.

Como lo fue Charles Darwin, también soy teólogo evangélico que me interesa conocer las ciencias naturales; y he estado dialogando por internet durante seis años con estudiantes, profesores y catedráticos creyentes y ateos. También he escrito artículos, 60 monografías, y un libro con temas de teología y ciencia, que si desea, puede leer en la web en: https://independent.academia.edu/LeroyEBeskow.

CONTENIDO

EL NUEVO ATEÍSMO

Hace años que estoy dialogando en la web con los ateos de los países de habla hispana. La mayoría han sido aquellos que sólo buscaron el modo de burlarse de los religiosos, desde que los llamados "Cuatro jinetes del no Apocalipsis", dedican buena parte de su vida a ridiculizar y combatir públicamente a todo aquel que sostenga una creencia religiosa.

El biólogo Richard Dawkins, el más destacado de los cuatro, es el autor del libro *El espejismo de Dios,* y creador de la Fundación Richard Dawkins para la razón y la ciencia". El segundo es Sam Harris, autor de *El fin de la fe, la carta a una nación cristiana y el paisaje moral*; y uno de los fundadores del *Project Reason.* El tercero es Daniel Dennett, autor de las obras: *La peligrosa idea de Darwin,* y *Rompiendo el hechizo.* Además es el defensor público del *The Clergy Project*, una organización que en los Estados Unidos apoya a los clérigos que ya no creen en Dios, y ya no pueden participar plenamente en sus comunidades. Y el cuarto, el periodista ya fallecido Christopher Hitchens, autor del divulgado libro *Dios no es grandioso,* premiado por el *Foreign Policy y Prospect Magazine.*

PRINCIPALES ARGUMENTOS YA REFUTADOS:

"Los creyentes son unos ignorantes":

Es verdad, pues hay creyentes poco informados y unos cuantos que recibieron solo una educación primaria, como también es el caso de un buen número de ateos. Pero este famoso grupo de ateos, que por momentos dice ser agnóstico, se caracteriza por su comportamiento agresivo a toda religión y a toda deidad; y argumentan valiéndose de las religiones más primitivas y dañinas, para luego meter a todos los religiosos en una sola "bolsa". Por ejemplo, si un creyente dice creer en el Dios de la Biblia, Dawkins le preguntará: ¿Y por qué no puede ser el dios Buda, o Zeus, o los dioses africanos Mami Wata y Unkulunkulú? Pero este ateo olvida que fue educado y ejerció su cátedra en la famosa Universidad de Oxford, fundada por religiosos que creían en el Dios de la Biblia, no por creyentes que creían en el dios Unkulunkulú.

"La religión se opone a las pruebas de la ciencia":

En verdad, fueron muchos los religiosos que por sus dogmas se opusieron a los hechos de la ciencia. En la Edad Media fueron los sacerdotes católicos, pues creían más en el geocentrismo de Ptolomeo y Aristóteles, que en la Biblia. Pero en ella dice claramente que nuestro planeta no es el centro administrativo universal (Apocalipsis 21:1-3). Y que la distancia del centro universal (ya anunciado por Lemaitre) a nuestro mundo, es el más alejado (Isaías 13:5,9-11)[1] de todos los mundos habitados (Efe, 1:10; 3:15; Heb. 12:23).

34 siglos antes que Carlos Darwin probara que hay variaciones en las especies, Moisés ya lo había adelantado al anunciar que todas las variedades humanas parten de una sola pareja edénica. Pero nunca Darwin, ni los que todavía creen en su teoría, pudieron probar que esas variaciones pasen la barrera del género taxonómico; y hoy queda como un desafío a los teóricos evolucionistas (Gén. 1:11, 21, 24, 25). Richard Dawkins quedó mudo cuando se le preguntó si la evolución podía formar en el genoma una nueva información más compleja, pues sabía que para estos cambios se requiere de un nuevo ADN central y en cada célula del organismo, a fin de evitar contraórdenes, su rechazo, y en ciertos casos hasta la muerte del animal.[2]

Como veremos más adelante, entre los grandes descubrimientos de la ciencia, hay 30 de ellos que fueron anunciados a grandes titulares, sin saber que el derecho de autor le correspondía a la Biblia (que no es un libro de ciencia), con hasta 35 siglos de anticipación al descubrimiento humano anunciado.[3] Por eso confundir la Biblia con cualquier libro religioso, es mostrar gran ignorancia.

En las listas de científicos que recibieron el premio Nobel, hay muchos que son creyentes. Y en los estudios de los orígenes, hay cosmólogos y astrofísicos, como Neta A. Bahcall (1942-), John D. Barrow (1952-), Robert Boyd (1922-2004) y Jocelyn Bell Burnell (1943-), que eran ateos y hoy profesan ser creyentes en el Dios de la Biblia, debido a la incapacidad de los científicos ateos, para explicar el origen de las leyes del átomo y del universo sin la intervención de una Inteligencia. Lo mismo ocurre en otras disciplinas de la ciencia.

A fines de 2010 el *Center for Public Policy de la Virginia Commonwealth University* (VCU), en colaboración con VCU Life Sciences, encargó una encuesta entre científicos sobre "Ciencia y religión", y éste fue el resultado: Aceptan la teoría de la evolución: 53%. Tienen dudas: 31%. No saben o no contestan: 16%. Cuando la encuesta se realizó en los hogares de los científicos, el 39 % de los científicos estadounidenses dijo creer en "un Dios a quien rezar a la espera de una respuesta", mientras que el 45 % no eran creyentes y un 15 % no dieron su opinión.[4]

Si la encuesta se realiza en otros países, son científicos creyentes: el 85% en Turquía, 79% en la India, 57% en Italia, 54% en Hong Kong, 35% en Reino Unido y 34% en Francia.[5] Y si la encuesta se realiza en la Academia Nacional de Ciencias de EE.UU., donde hasta hace

---

Todo el énfasis que presento en **negrita** será mío.

[1] Aquí el profeta Isaías se vale del proceder de Babilonia para con los judíos, para hablar del fin del mundo con la intervención divina, presentando tres señales que concluyeron en 1833 antes que se cumpla ese fin, pero que no se cumplieron en la época babilónica.

[2] Richard Dawkins, *¿Perplejo por pregunta creacionista?,* www.youtbe.com/watch?v=51-tpnzbMXI. (visto el 23-5-18).

[3] *La Biblia se adelanta a la ciencia.* En: https://www.academia.edu/35274675/La_Biblia_se_adelanta_a_la_ciencia._docx.

[4] https://www.xatakaciencia.com/no-te-lo-creas/los-cientificos-creen-generalmente-en-dios. (Visto el 11-3-18).

[5] https://es.aleteia.org/2015/12/27/si-la-mayoria-de-los-cientificos-cree-en-dios/.

poco no se admitían científicos creyentes declarados, sólo el 7% admitió serlo, y con temor a perder su empleo.

“Dios no existe porque es malo”, y “la Biblia nos hace ateos”:

En verdad, no lo dicen con estas palabras, pero esa es la argumentación, lo que lógicamente llama la atención, por ser incongruente: Si Dios no existe no puede ser malo ni bueno. El principal argumento de Sam Harris es negar a Dios mediante la conducta primitiva y dañina de algunas religiones, pero haciendo silencio de conductas semejantes entre los líderes ateos como Mao Tse Tung , que fue responsable de la muerte de más de 70 millones de personas en tiempos de paz, y Joseph Stalin, de la muerte de 40 millones más. Lógicamente, el error de Harris es confundir la acción humana con la existencia de Dios.

Richard Dawkins prefiere explicar su ateísmo directamente por la obra divina. Y trató de probar la inexistencia de Dios en su libro "El espejismo de Dios", donde asegura que creer en él "es un delirio". Y dice: “El Dios del Antiguo Testamento es posiblemente el personaje más molesto de toda la ficción: celoso y orgulloso de serlo; un mezquino, injusto e implacable monstruo; un ser vengativo, sediento de sangre y limpiador étnico; un misógino, homófobo, racista, infanticida. Genocida, filicida, pestilente, megalómano, sadomasoquista; un matón caprichosamente malévolo”[6]

Como sabemos, los creyentes en Dios no creen que él es malo. Por lo tanto se trata de un invento del mismo ateo. Y la pregunta viene sola: ¿Cómo se entiende que un ateo crea en un dios malo y pestilente, mientras al mismo tiempo asegura que creer en él es un “delirio”? Es evidente que esa pasión contra Dios, lo está llevando a actuar en forma incorrecta.

Ellos basan sus argumentos principalmente en el Antiguo Testamento de la Biblia, donde la forma en que actúa Dios difiere mucho del Nuevo (debemos saber que Jesucristo es el mismo que guio al pueblo hebreo antes de nacer como Hijo del Hombre: 1 Corintios 10:4). Y repiten las palabras de Penn Jillette, cuando dijo: “La lectura de la Biblia nos hace ateos”.[7]

Pero aquí también ellos muestran gran desconocimiento de lo que pretenden criticar: El pueblo hebreo era uno de los más primitivos (Deuteronomio 7:7). Habían vivido como esclavos por varias generaciones, y su educación se basaba en las leyes egipcias, del código de Hamurabi y de las costumbres cananeas. A esto se sumaba su testarudez, que impedía mejorar su situación (Mateo 19:8). Eran polígamos y muy machistas, castigaban a los malhechores matándolos a pedradas; se guiaban por la ley del ojo por ojo y diente por diente. También ofrecían sacrificios al dios Moloc quemando a sus hijos, etc. Y cuando Dios quiso establecer leyes más civilizadas, ellos propusieron las leyes civiles de los pueblos vecinos.

Aunque Dios no permitió que esas leyes civiles fueran parte de las enseñanzas del santuario, anunciando que “no eran buenas” (Ezequiel 20:25), y “eran contrarias” a lo que Dios esperaba (Colosenses 2:14; Mateo 5:38,39,43,44), tuvo que permitirlas en la vida civil, actuando como los padres ante un hijo testarudo: Dejar que aprendan la lección sufriendo las

---

[6] Richaed Dawkins, *El espejismo de Dios*, (Barcelona, España: Espasa Libros, S.L., 2012), p. 30.

[7] Penn Jillette, *Leyendo la Biblia te hace ateo*, www.youtube.com/watch?v=bkT86_bqkzU.visto 2-8-2015.

consecuencias (Mateo 19:8). Sin embargo, Dios anunció que llegaría el tiempo cuando haría un Nuevo Pacto, que podemos conocer en el Nuevo testamento de la Biblia (Jeremías 31:31-34; Ezequiel 36;26,27,31). Y hoy los mandatarios de las naciones más civilizadas de occidente, juran sobre estos Evangelios.

Otro argumento de estos ateos, es que en ciertos casos Dios mismo, que dice que es un Dios de amor, llevó a la muerte a gran cantidad de personas, como ocurrió en el diluvio; y dando órdenes de destruir pueblos vecinos de Israel. Sí. Esto es verdad. Pero lo hizo cuando él, que respeta la elección humana, se vio forzado a proteger a los buenos de los que decidieron vivir haciendo el mal, y sabía que no iban a cambiar.

Cuando los científicos llegan a saber que en un gallinero se declara una peste muy contagiosa, matan hasta los dulces e inocentes pollitos, aunque el dueño les grite ¡asesinos! Y luego quemarán los restos para que no quede un solo rastro del mal. Por supuesto, sabemos que es una obra de bien para salvar de esa peste a toda una nación. Sin embargo, el hombre no puede hacer justicia decretando la muerte de la gente mala, porque no lee sus pensamientos ni tiene la capacidad de saber, si en un futuro, alguno podrá arrepentirse del mal.

Así como ocurrió en el diluvio, habrá un último juicio mundial, donde muchos millones de personas de otros mundos serán testigos de la justicia divina; a fin de que los buenos puedan vivir definitivamente en paz y en armonía. Pero habrá una diferencia: Los científicos podrán purificar un gallinero, pero no podrán hacer justicia con los inocentes pollitos. En cambio Dios podrá dar vida eterna a los inocentes mediante una gran resurrección, que jamás el hombre podrá lograr (1 Tesalonicenses 4:16-18).

"El infierno eterno es prueba de la maldad divina; y que las pruebas de su existencia en el centro de la tierra, presentadas por el Dr. Azzacov, son fraudulentas".

En 1962, y asignado al "Consejo Científico Interdepartamental para el estudio de la Tierra" de Rusia, se inició al noroeste de la Unión Soviética una perforación para construir un pozo de 15.000 m de profundidad. En 1979 se batió el récord que había llegado EE.UU. de 9583 m, y en 1992 se llegó a 12 262 m, pero se abandonó la tarea debido al intenso calor que causaba la radiación de las rocas a esa profundidad. Algunos trabajadores creyeron que se acercaban al infierno y no quisieron continuar. Por curiosidad el Dr. Azzacov bajó un micrófono y presentó la grabación en un canal de televisión, donde se escuchaban voces, gritos y lloros de mucha gente. Algunas iglesias cristianas presentaron esa noticia como una prueba de la existencia de un infierno eterno en el centro de la tierra. Pero se descubrió que era una copia de un disco de efectos sonoros para películas, titulado: "Gente en pánico".[8]

---

[8] *La mentira de las voces del Infierno, Pozo de Kola*, Rusia. En: https://www.youtube.com/watch?v=sGXTjbIB_Lc.; *El misterio de Kola: El aterrador pozo donde se habrían grabado voces del infierno*. En: https://www.guioteca.com/mitos-y-enigmas/el-misterio-de-kola-el-aterrador-pozo-donde-se-habrian-grabado-voces-del-infierno/. (Visto 31-10-19).

1º Esto no sólo mostró un fraude, sino también una doctrina errada inventada por los babilonios; popularizada en la mayoría de los países, y aceptada por la mayoría de las religiones paganas y cristianas. Esta creencia entró en el judaísmo con la invasión griega, y se popularizó a pesar que la Tanaj de los judíos (Antiguo Testamento de la Biblia) no apoya esta enseñanza. Jesús se valió de la leyenda egipcia de Bar Bayán para referirse a los que son tan tercos, que aunque alguno resucite de la muerte no creerán (Lucas 16:19-31). Pero, aunque era tan popular la creencia del castigo del "fuego eterno", y Jesús se refirió a esta expresión más de una vez, nunca la aceptó, pues él sabía que ningún malo tendrá "vida eterna permanente en él" (1 Juan 3:15). Y por lo tanto, nunca podrá ser quemado eternamente. Por eso aclaró: "Temed más bien a aquel [Dios] que puede **destruir el alma y el cuerpo en el infierno** (Mateo 10:28). Por lo tanto, la conocida expresión: "fuego eterno" es interpretada así: "Como Sodoma y Gomorra [...] fueron puestas por ejemplo, sufriendo el castigo del fuego eterno" (Judas 1:7). Todos sabemos que esas ciudades antiguas están apagadas, con **las consecuencias** de un fuego eterno, no del fuego mismo.

2º El objetivo de ese fuego es la purificación de todo virus y todo mal humano, para cuando la tierra sea renovada para la vivienda de los buenos, al regreso del mundo celestial (1 Tesalonicenses 4:16,17; Apocalipsis 20:7-10; 21: 1-4).

3º El infierno no será en el centro de nuestro planeta, sino "**sobre** la tierra" (Ezequiel 28:18).

4º Y el "fuego eterno" se apagará cuando Satanás y sus seguidores lleguen a ser "ceniza sobre la tierra" (Ezequiel 28:18), y nunca más se levantarán (Salmos 1:5). Entonces "no existirá el malo; observarás su lugar, y no estará allí" (Salmos 37:10). Y es lógico, pues de lo contrario, al descender después de 1000 años a esta tierra, los justos tendrían que vivir con los malos quemándose "sobre la tierra".

5º Cada uno será castigado "conforme a sus obras" (Romanos 6:2); y un fuego eterno no podría cumplir este propósito. La mayoría morirá en pocos momentos, pero Satanás (Gog), el mayor culpable, será condenado por "siete meses", y la tierra será limpiada (Ezequiel 39:11,12). Esto es lo que dice la Biblia. Todo lo demás es invento humano, que ha pretendido transformar a Dios en un monstruo.

"Si dicen que Dios existe y nos ama, ¿por qué él permite tanta maldad en el mundo? Y si es Todopoderoso, ¿por qué hoy no defiende a los inocentes del mal?"

Si a un padre que razona le pedimos que elija entre el mejor y más costoso robot del mundo y su hijo, ¿por qué elegirá a su hijo, que posee libre albedrío, y esto significará tener algunos problemas futuros? Porque amar y ser amado es para el hombre de mucho más valor que las máquinas más útiles. Lo mismo para Dios, que nos creó a su imagen y semejanza (Gén. 1:26,27). Él podría usar su omnipotencia para todo, pero sabe, y mejor que los buenos padres, que el amor no se consigue por la fuerza.

Lógicamente, Dios sabía las consecuencias de la libertad. Y gracias a su "presciencia" (1Pedro 1:2) sabía que entre los miles de millones de hijos suyos de otros mundos, que también creó en libertad (Job 38:7; Efesios 1:10; 3:15; Hebreos 12:23), sería éste el único planeta habitado que usaría esta libertad para el mal. Pero aprovecharía nuestra rebeldía contra el Creador y su Ley, como vacuna universal.

Los 6000 años de toda clase de error y maldad humana, serviría de experiencia tanto para nosotros como para ellos, que nunca se rebelaron contra su Creador. Pero nuestra testarudez obliga a Dios a permitir no sólo que cosechemos lo que sembramos, sino también, para convencernos, hasta dónde llegan las consecuencias de nuestra desobediencia a la ley universal (Gálatas 6:7). Si Dios se valiera de su omnipotencia e interviniera siempre y en todo momento, nunca aprenderíamos la lección por falta de experiencia personal, y actuaríamos por temor o como máquinas. Las lecciones en carne propia, son la única garantía para seres libres que vivirán eternamente. Y sabemos que en una eternidad pueden pasar muchas cosas. Tan perfecto es el plan divino, que Dios ya nos adelanta: "¿Qué pensáis contra el Señor? Él hará consumación. La maldad dos veces no se levantará" (Nahún 1:9). Y lo asegura a pesar que el libre albedrío será eterno entre miles y miles de mundos habitados.

"Los teóricos creyentes del "Diseño inteligente" nunca podrán avanzar en ciencias, pues ante cualquier obstáculo en sus investigaciones se valdrán del "Dios de los huecos".

La tentación de rellenar los "huecos" en ciencias de los orígenes, donde el hombre no estuvo presente, es un problema creciente. Y aquí caen ateos, agnósticos y religiosos. Pero, como los que inventaron la frase del "Dios de los huecos" fueron los del Nuevo Ateísmo, ellos son los que llevan la mayor carga de responsabilidad.

El primer "hueco" que crearon los ateos, se encuentra en el origen mismo del universo. Stephen Hawking y varios otros astrofísicos propusieron que se originó de "la nada absoluta".[9] Pero como sabemos con Lucrecio que de la nada, nada sale,[10] la comunidad científica no sólo la rechazó, sino que le pareció descabellada e inaceptable para la ciencia. Así que cambiaron la propuesta por la nada física, donde se encontrarían las cuatro fuerzas: la gravitacional, la de las fuerzas nuclear fuerte y débil y la electromagnética, pero sin explicar cómo se formaron (a este "hueco" ni siquiera lo rellenaron con algo).

Con una fuerza gravitacional muy poderosa (otro "hueco" inventado, pues la gravitación es relativamente débil) formó la Singularidad de la teoría, que dio origen a la gran expansión explosiva; y por ella un universo finamente graduado y equilibrado. ¿Cómo lo consiguió? Otra pregunta molesta para los que todavía tratan de rellenar este nuevo

---

[9] "Stephen Hawking, en: *La gran pregunta. Cómo comenzó el universo", con Stephan Hawking*. https://www.youtube,com/watch?v=1G4Ln-tsKy8).

[10] James Coleman, *Teorías modernas del universo*, (Bs. As.: Edit. Sudamericana), p. 185.

"hueco". Por eso el Dr. Arno Penzias, Premio Nobel en Física, dijo que la exactitud que muestra el cosmos es simplemente "sobrenatural".[11]

Entonces propusieron que se lo podía explicar con el cálculo de probabilidades, rellenando el "hueco" con un gran invento: La posibilidad de la existencia de millones de otros universos, entre los cuales el nuestro tendría la gran suerte de ser el único que lograría lo que esperaban. Pero los cosmólogos no estaban dispuestos a aceptar esto dentro de los cánones científicos. Entonces Stephen Hawking y varios otros propusieron la teoría de un universo sin principio por gravitación cuántica en expansión.[12] Por eso lo reconoció diciendo: "No hay ningún universo bebé naciendo, como una vez pensé".[13]

Lamentablemente no se dio cuenta de que un universo eterno en expansión, es un universo en eterno colapso, donde no habría sistemas solares ni galaxias, sino estrellas y mundos solitarios sin luz, cubiertos de gruesa capa de hielo. Además, Barrow, Carr, Caster, Davies, Dawkins, Deutsch, Ellis, Greene, Guth, Harrison, Linde, Page, Penrose, Rees, Sandage, Smolin, Tegmark, Tipler, Vilenkin, Weinberg, Wheeler y Wilczek, se oponen a un universo eterno, pues mucho antes se acabaría el hidrógeno (otro "hueco" sin rellenar).

Actualmente hay unas veinte teorías cosmológicas que se contradicen, y todas tienen "huecos" que rellenar. El principal es darle a las partículas subatómicas la capacidad de crear leyes, codificarlas y grabarlas en el átomo.[14] Pero, ¿qué o quién estaba teniendo suficiente inteligencia como para esto? Es claro que la inteligencia que produjo las leyes que asombraron a Einstein ya estaba presente, y sólo quedaban dos alternativas: Aceptar algo semejante a la filosofía religiosa del panteísmo, donde todo lo que se ve y se palpa tiene más inteligencia que el hombre, o que una Inteligencia fuera la creadora de la materia y sus leyes.

Con esto no estamos probando la existencia del Dios de la Biblia, como sostienen algunos religiosos, pues la ciencia humana no puede probarlo ni desaprobarlo. Pero sí de la imprescindible necesidad de una Inteligencia universal, no importa aquí el nombre que le demos ni sus características físicas.

Finalmente, para no tener que elegir entre estas dos opciones, Hawking y Guth decidieron dejar el "hueco" sin rellenar, diciendo: "No hay manera de saber de dónde salieron las leyes físicas".[15] Pero el Dr. en física Paul Davies, fue más sincero: "Las leyes de la física parecen ser ellas mismas el producto de un diseño enormemente ingenioso".[16] Y no hace falta pensar mucho para darnos cuenta de esto. Entonces más tarde S. Hawking también se sinceró: "Sería muy difícil explicar por qué el universo debe haber comenzado justo de este modo, salvo por el acto de un Dios que tuviera la intención de crear seres como nosotros".[17]

---

[11] Hugh Ross, *Creador Supremo: Pruebas de su existencia en el universo.* (https://www.youtube.com/Watch?v=AUyWXrfEJXc, (publicado el 1-6-1013).

[12] *Gravitación cuántica: El universo no se creó desde la 'nada.* https://www.youtube.com/watch?v=aL8juJh8f6w.

[13] Hawking, *Information Loss in Black Holes.* http://arXiv:hep-th/050717vL, 15-8-2005, p. 4.

[14] *Stephen Hawking habla sobre el universo y ciertas cuestiones.* https://www.youtube.com/watch?v=ygoF_rS5OHc.

[15] *Dios o la religión* (1ª parte). www/youtube.com/watch?v=x20hrR_Ssc. Visto 8-2-2015.

[16] "Stephen Hawkins, *Genios hablan de Dios o la religión* (1ª parte). www/youtube.com/watch?v=x20hrR_Ssc. Visto 8-2-2015.

[17] Hugh Ross, *Creador Supremo: Pruebas de su existencia en el universo.* (https://www.youtube.com/Watch?v=AUyWXrfEJXc, (publicado el 1-6-1013).

"El razonamiento creacionista de William Poley del reloj encontrado en la arena, no es comparable con la explicación del universo ni de la vida".

Por supuesto, el reloj de Poley encontrado en la arena sin el relojero que estuviera presente, nunca será comparable con la complejidad del universo y la vida. Pero es innegable que aquí hay una semejanza: Si no conocemos al autor del reloj, del universo ni de la vida, no significa que fue la arena o las mismas partículas subatómicas del universo que confeccionaron el reloj, el universo y la vida. Vimos que para esto se requiere de una inteligencia, no importa el nombre que le demos.

En un debate en la Universidad de Oxford, Richard Dawkins dijo que con el primer átomo de hidrógeno se inició el proceso del origen de la vida. Pero en otra oportunidad aseguró que "la vida fue resuelta por la contribución de Darwin", cuando en una de sus cartas expuso la idea del origen a partir de un caldo prebiótico.[18] Pero ni Darwin ni Dawkins explicaron contra qué o quién tuvieron que luchar las primeras moléculas proteicas, el ADN y la primera vida para producirlo. Después de millones de pruebas en distintos laboratorios durante más de un siglo, todo ha terminado en un profundo fracaso. Tal es así que los teóricos evolucionistas ya prefieren no hablar de la abiogénesis, sino de la evolución a partir de la vida ya formada (es como medir con un metro que le falta los primeros centímetros).

Él mismo Dawkins lo aclaró después: "¿Cómo comenzó la vida? Nadie sabe cómo comenzó [...]. Ya se lo dije, no lo sé". "Se puede encontrar una señal de algún tipo de diseñador".[19] Sí, efectivamente, el reloj en la arena, el universo y la vida, nos revelan la indiscutible necesidad de un Diseñador.

"Los científicos creyentes no entienden que la evolución desde el primer protozoo hasta el Homo sapiens, no se produjo sólo por azar, sino por la competencia, la adaptación, los cruzamientos y las mutaciones".

Efectivamente, las variaciones en las especies tienen estas causas. Y ya lo adelantó Moisés, cuando escribió que las variedades humanas parten de una sola pareja edénica. El problema de Darwin, se inicia desde que pretendió probar que esas variaciones pasarían la barrera del género taxonómico rechazado por la Biblia (Génesis 1:11, 21, 24, 25), hasta llegar a formar el hombre actual. Pero vimos que para romper la barrera del género, se requiere de nuevas informaciones en el genoma. Y esto produciría el rechazo del ADN de cada célula, tratándolas como un cuerpo extraño.

R. Dawkins reconoció que los ojos compuestos de los trilobites en el cámbrico, "no tienen ninguna historia evolutiva".[20] Simplemente aparecieron de golpe. Y la historia evolutiva transgrede la segunda ley de la termodinámica, pues como el sistema no está totalmente cerrado por los rayos del sol, esta ley existe porque no es suficiente. Nunca los

---

[18] *Debate entre el biólogo Richard Dawkins y el cardenal George Pell*, https://www.toutube.com/watch?v=vj4faIKEw4. Visto el 21-6-2015.

[19] Richard Dawkins: *La contradicción del Ateísmo*. En: https://www.youtube.com/Watch?v=x8qXFZEBQ4. (14-7-17).

[20] Richard Dawkins, *The Blind Watchmaker*, (N. York, Norton,1986), p. 229.

teóricos de la Teoría Sintética, explicaron satisfactoriamente esa tendencia de la teoría al aumento de la complejidad, sin una intervención inteligente. Simplemente lo creen y así lo enseñan. Por ejemplo, Richard Dawkins dijo que "la evolución por adaptación no es progresiva por casualidad, sino que es profunda, recalcitrante e imprescindiblemente progresiva".[21] ¿Observa cómo finalmente la Teoría Sintética lleva a sus teóricos a acercarse al panteísmo, que nada tiene que ver con la ciencia?

"Los científicos no evolucionistas no entienden que hoy no se ve el proceso de evolución, porque desde Darwin creemos que los cambios se producen gradualmente y en millones de años".

Si los científicos no pueden ver el cumplimiento de la teoría por lo que argumentan, es muy difícil que la Teoría sintética pueda tener en la ciencia un lugar respetado. De hecho, desde Darwin los mismos evolucionistas reconocen que hay una falta sistemática de transiciones.[22] Ellos argumentan que se debe a que la mayoría de los animales no alcanzaron a fosilizarse. Pero llama la atención que entre la gran cantidad de fósiles, en todos los casos faltan **justamente** las transiciones necesarias.

Esto sucede porque en tiempos de Darwin los evolucionistas agruparon los animales según sus semejanzas exteriores, y decidieron cual sería el anterior y el posterior a la especie en estudio; y así armaron el árbol evolucionista de la vida. Pero como todas las especies elegidas eran y siguen siendo perfectamente adaptadas al medio, necesitaban encontrar las transiciones. Y aquí se encontraron con el problema que todavía continúa.

Por ejemplo, junto a un reptil, pusieron el Arqueopterix como primera transición a las aves, pero ninguna transición entre estas dos especies, para que se pudiera ver cómo las patas traseras iban cambiando en patas de ave, y las delanteras en alas. Ni siquiera se mostraron dos o tres (patas 30% alas, 50% alas, 75% alas, etc.), con el fin de comprobar el proceso y así darle valor científico. Pero aparte de las semejanzas con los reptiles, el Arqueopterix "tiene dientes no cerrados con bases constrictoras y raíces expandidas como la de otros pájaros del Mesozoico".[23] Además se encontraron aves 75 millones más antiguas que el Arqueopterix, muy parecidos a los cuervos de hoy, y con "características avanzadas de pájaros".[24] Y así siguen las transiciones evolutivas sin dar explicaciones racionales.

Siempre presentan especies ya adaptadas al medio. Y es de esperar, pues ¿se puede imaginar un reptil con las patas delanteras a la mitad del proceso de cambio para ser un pterosaurio o un ave, sin poder correr ni defenderse bien? La misma teoría terminaría con su vida por medio de la selección natural, y no habría descendencia alada.[25] Sólo encontraríamos sus restos fosilizados… que tampoco existen.

---

[21] Richard Dawkins, "Human chauvinism", *Evolution* 51: 1015–1020, 1997, doi:10.2307/2411179. http://es.wikipedia.org/wiki/Stephen_Jay_Gould. Visto el 2/12/14.

[22] Charles Darwin, *The Origin of Species*, (1859, Capítulo11, "On the imperfection of the geologic record".

[23] Martin, Steward y Whetstoni, Rhe Auk, Vol. 97, 1980, p. 86.

[24] Nature, vol.322, 1986, p. 677.

[25] Ver Michael Denton, Evolution: A Theory in Crisis, (Warwickshire, Burnett Books Limited, 1985).

Esto explica por qué en un documento titulado "A Scientific Dissent From Darwinism", 1000 científicos, varios con premios Nobel, firmaron un documento contra la evolución, esperando un reestudio de esta teoría; y esperando que la Academia Nacional de Ciencias de Estados Unidos, permita la libertad de sus investigadores para creer en Dios, aunque la ciencia no pueda probarlo ni desaprobarlo.[26]

¿DE UN BIG BANG A UN UNIVERSO SIN PRINCIPIO?

El darwinismo ha penetrado en todas las disciplinas científicas, incluso en la cosmogénesis. De ahí que se anuncie que "somos polvo de estrellas"; y según R. Dawkins, desde la formación del primer átomo en el Big Bang, ya se estaba gestando la vida. Y era de esperar, pues como hoy los evolucionistas no quieren hablar de la abiogénesis (formación de la vida a partir de la materia sin vida), no es correcto hablar de una evolución natural, sin incluir un origen donde fundamentarla, a fin de que no quede como un metro que le falte la primera parte.

Pero hoy la Teoría Estándar del Big Bang está muy desprestigiada. George Lemaitre, fue el belga que arrojó la idea básica del Big Bang en 1927; y George Gamow, R.A. Alpher, y R. Herman, fueron quienes desarrollaron el modelo en 1948. Hubbel buscó la manera de probar la expansión universal. Pero, mostrándonos la gran inseguridad que todavía existe al hablar del origen del universo, hoy existen unas veinte teorías que tratan de explicar el origen del cosmos, de las cuales la del Big Bang es la más divulgada... y la más criticada.

Antes del Big Bang:

Nuestra comprensión cosmogónica del Universo primigenio, está basada en los pocos hechos existentes relacionados con esa época, entre los que se puede citar el corrimiento al rojo (expansión que es discutible), la radiación de fondo de microondas (que debe ser corregida), y observaciones proporcionadas por el telescopio espacial Hubble. Se mide la época de Planck, que es una mini-fracción de segundo antes del Big Bang, con la consiguiente época de la gran unificación; la inflación cósmica; el recalentamiento, la bariogénesis (bariones y antibariones en equilibrio que hoy no se cumple), y la formación del universo primitivo en expansión explosiva, nunca explicada en su origen y desarrollo con las pruebas actuales de altas energías.

Al principio Stephen Hawking propuso que todo esto surgió de "la nada absoluta".[27] Es decir, donde no existían las partículas sub-atómicas ni las cuatro fuerzas fundamentales independientes: el electromagnetismo, la interacción nuclear débil, la interacción nuclear

---

Todo el énfasis en **negrita** será mío.

[26] *Seminario de creacionismo-01 ¿Por qué la evolución no puede ser?*, https://www.youtube.com/watch?v=3W4fn5ggdi0.

[27] *El científico cristiano que refutó al ateo Stephen Hawking*. En: https://www.youtube.com/watch?v=gj5OyL5pJtM. (2-11-18).

fuerte y la gravedad. Por supuesto, recordando a Lucrecio de que "de la nada, nada sale", la mayoría de los físicos se opuso. Así que tiempo más tarde Hawking opinó que podría surgir de esas cuatro fuerzas fundamentales.

Pero, ¿cómo se formaron esas fuerzas físicas? ¿Fue al azar a partir de una sopa de sub-partículas ya existente? El problema es todavía mayor, pues todo esto habría sucedido en la "Época de Planck", fracciones de segundo antes del Big Bang. Los físicos saben que creer esto requiere tener mucha fe. Tanto como creer en la existencia de una fuente creadora de leyes que lo puede realizar en tan poco tiempo. Por ejemplo, con qué fin se formó el electromagnetismo antes que se formaran las partículas subatómicas y los átomos; o la gravedad antes que fuera necesaria. ¿Qué o quién estaba adelantándose a los hechos y viendo su necesidad? La respuesta racional nunca se presentó.

El origen de las leyes del cosmos:

A pesar del nombre que se le dio, el átomo hoy está lejos de ser la parte más pequeña e indivisible de la materia; y ya existen varias hipótesis para tratar de explicar el comportamiento de las partículas subatómicas, y las leyes que las rigen desde hace miles de millones de años. Como la teoría Estandar del origen universal, sostiene que a los tres minutos del Big Bang, en un sorprendente equilibrio entre la gravedad y el electromagnetimo (que ignoran su origen), se formaron los primeros núcleos atómicos y más tarde el hidrógeno, sus teóricos tratan de explicar cómo una expansión explosiva pudo crearlos por azar, como por arte de magia. Esta teoría transgrede el "Principio de la Conservación del Impulso Angular", donde se define que un movimiento radial uniforme en el espacio vacío, como propone el Big Bang, nunca puede dar lugar al movimiento curvilíneo necesario para la formación de los átomos y los sistemas estelares conocidos.

El Dr. Arno Penzias, Premio Nobel en Física, dijo que la exactitud que muestra el cosmos es simplemente "sobrenatural".[28] Pero S. Hawking dijo que "no es necesario invocar a Dios", porque argumentaba: "Dado que existe una ley de la gravedad, el universo pudo crearse así mismo de la nada, como así ocurrió".[29] Pero, como nunca pudo probar que "así ocurrió", más tarde abandonó la hipótesis.

El átomo se comporta como un universo en miniatura. Y a medida que se lo conoce más, mayor es la sorpresa que causa su complejidad. Por eso S. Hawking, A. Guth y otros astrofísicos, concluyeron que antes del Big Bang o de la aparición del átomo, se tuvieron que formar "las leyes físicas". Pero la pregunta era inevitable: ¿Leyes a partir de la "nada" o de partículas subatómicas? ¿Tienen ojos para ver, mente para pensar y capacidad para codificar leyes y grabarlas en el átomo? Lógicamente S. Hawking y los demás astrofísicos reconocieron que no hay "manera de saber de dónde salieron las leyes físicas".[30] Así que el Dr. en física Paulk Davies, escribió: "Las leyes de la física parecen ser ellas mismas el

---

[28] Hugh Ross, *Creador Supremo: Pruebas de su existencia en el universo*. En: (https://www.youtube.com/Watch?v=AUyWXrfEJXc. (publicado el 1-6-2013).

[29] *El científico cristiano que refutó al ateo Stephen Hawking*. En: https://www.youtube.com/watch?v=gj5OyL5pJtM.

[30] *Stephen Hawking habla sobre el universo y ciertas cuestiones*. En: https://www.youtube.com/watch?v=ygoF_rS5OHc.

producto de un diseño enormemente ingenioso".[31] Por eso Richard Dawkins agregó: "Algo muy misterioso debe haber dado lugar al origen del universo".[32] Y Charles Townes (Premio Nobel 1964), dijo: "Siento la presencia e intervención de un ser Creador… La Inteligencia que tuvo algo que ver con la creación de las leyes del universo". "De manera que todo lo que existía no puede estar contemplado en ninguna teoría que formulemos para explicar nuestras observaciones". [33]

En 2007 S. Hawking, cambió de idea, y dijo: "Creo que el universo está gobernado por las leyes de la ciencia", dijo en una entrevista con la agencia Reuters. "Las leyes han podido ser decretadas por Dios, pero Dios no interviene para romper las leyes".[34]

Christopher Hitchens confesó que se "necesita algo de diseño y algo de un diseñador" para aceptar cómo se formaron las leyes físicas antes del primer átomo, a fin de que no se destruyera enseguida. Y citó a Richard Dawkins cuando confesó "que el argumento era el más interesante que jamás había escuchado en todos sus debates con los hombre de la fe. Y en realidad es algo extraordinario".[35]

Al principio los teóricos aseguraba que todo se formó a partir "de la nada absoluta" donde no había ni tiempo ni espacio,[36] contrariando la primera ley de la termodinámica.[37] Pero la mayoría de los científicos no cree que el Big Bang formó el tiempo, sino que nace de la necesidad humana. Además sabemos que de la nada, nada sale; y más ilógico es todavía aceptar que esa "nada", aunque podría haber tenido las cuatro fuerzas primordiales, haya formado leyes físicas que muestran más inteligencia que la de Einstein. Algunos creen que esto puede ser resuelto con la física cuántica. Pero el premio Nobel Richard Feyman dijo: "Creo que puedo afirmar con seguridad que nadie entiende la mecánica cuántica"[38] Se basan en ciencias exactas, pero no se ponen de acuerdo en su interpretación.

La máxima de Hume tiene aquí gran significación: "afirmaciones extraordinarias requieren pruebas extraordinarias". Pero mostrando el grado de inseguridad en que se encuentra la teoría Estandar, Stephen Hawking, que había propuesto la cosmogénesis a partir de la "nada", después dijo exactamente lo contrario: "No", no hay necesidad de un comienzo

---

[31] *Dios o la religión* (1ª parte). En: www/youtube.com/watch?v=x20hrR_Ssc. Visto 8-2-2015.

[32] "Stephen Hawkins, *Genios hablan de Dios o la religión*, (1ª parte). En: www/youtube.com/watch?v=x20hrR_Ssc. Visto 8-2-2015.

[33] *El documento que te convencerá cómo fue creado el universo. Ateos vs. creyentes*. En: https://www.youtube.com/watch?v=N3z_OP5myLQ. También: https://www.youtube.com/watch?v=N3z_OP5myLQ&t=48s.

[34] *El Dios innecesario': por qué Stephen Hawking no creía que el universo hubiera sido creado por un ser superior*. En: https://www.bbc.com/mundo/noticias-43411382.

[35] *Debate entre Dinesh D'Souza vs Hitchens*. En: https://www.youtube.com/watch?v=Kgzkp2BaTzc; *El origen del universo y Richard Dawkins*. En: http://www.cdlidd.es/el-origen-del-universo-y-richard-dawkins/; http://ppsimmons.blogspot.ca/2013/08/wow-richard-dawkins-knows-nothing-about.html .

[36] "Stephen Hawking, *La gran pregunta. Cómo comenzó el universo,* con Stephan Hawking. En: https://www.youtube.com/watch?v=1G4Ln-tsKy8).

[37] James Coleman, *Teorías modernas del universo*, (Bs. As.: Edit. Sudamericana), p. 185.

[38] *Lecciones de Richard Feynman sobre mecánica cuántica*. https://singularidad.wordpress.com/2008/12/30/lecciones-de-richard-feynman-sobre-mecanica-cuantica/.

12. S. Hawking, *Information Loss in Black Holes*. http://arXiv:hep-th/050717vL, 15-8-2005, p. 4

por la dirección imaginaria del tiempo en gravitación cuántica".[39] Por supuesto, se trata de una nueva hipótesis para ser probada o cambiada de nuevo en el futuro.[40] Para estas "afirmaciones extraordinarias" hay mucha inseguridad, ¿verdad?

En otras variantes del Big Bang, todo se origina a partir de partículas subatómicas elementales. Pero vimos que esas partículas tampoco tienen inteligencia, como sostienen las filosofías panteístas. Es absurdo creer que las partículas subatómicas vean, piensen, codifiquen leyes y las graben en el átomo antes que este se destruya enseguida. Pensar esto significa abandonar todo principio elemental de la ciencia, para aceptar lo ridículo. Por eso Paul Davies concluyó que el Big Bang "representa la suspensión instantánea de las leyes físicas…un verdadero milagro".[41] Lo que llama más la atención es que Delpack Chopra aseguró que "las leyes naturales están demasiado afinadas como para permitir la existencia de seres inteligentes".[42]¿Es que cuanto más complejo y perfeccionado es algo, mayor es la prueba de la inexistencia de una Inteligencia? ¿Estamos en el mundo del revés?

El astrofísico Caleb Schart creyó resolver este misterioso origen inteligente del cosmos, proponiendo que esto prueba la existencia de seres super-desarrollados en el conocimiento, y que vivieron antes de 14.000 millones de años atrás. Por supuesto, nunca explicó cómo se originaron esos alienígenas omnisapientes, o quién los formó a ellos. ¿Fueron las mismas partículas sub-atómicas que se saben que no poseen inteligencia?

Aquí nos encontramos con el primero de los graves problemas que esta teoría no ha resuelto. Lo que llevó a Stephen W. Hawking, uno de los principales voceros, a reconocer que la teoría del Big Bang no puede ser científicamente demostrable.[43]

También el CERN comprobó que la materia y la antimateria tienen propiedades magnéticas idénticas, lo que lleva a los científicos a preguntarse por qué el universo todavía existe, según la teoría. "Todas nuestras observaciones encuentran una simetría completa entre la materia y la antimateria, razón por la cual el universo en realidad no debería existir", dijo el doctor Christian Smorra[44] Hoy, que la antimateria es casi inexistente es admisible, pero no antes.

La expansión del big bang:

¿Cómo explicar racionalmente que una expansión explosiva universal, pudo crear en espacio vacío un universo tan finamente graduado? Por medio del cálculo de probabilidades esto sería imposible. Así que se buscó apoyo creando la idea de la existencia de millones de otros universos paralelos en formación; y por lo tanto el nuestro podría llegar a ser esa posibilidad. La idea prendió enseguida entre los cosmólogos ateos. Y le pusieron distintos

---

[39] S. Hawking, *Information Loss in Black Holes*. http://arXiv:hep-th/050717vL, 15-8-2005, p. 4.

[40] *Gravitación cuántica: El universo no se creó desde la "nada*, https://www.youtube.com/watch?v=aL8juJh8f6w.

[41] Paul Davis, *La frontera del infinito*. (EE.UU.: Salvat Editores. ISBN 978-84-345-8367-2.

[42] "*Stephen Hawking y Delpack Chopra con Larry King* 1/3; https://www.youtube.con/Watch?v=biJ4JwMezi.

[43] *National Geographic*, diciembre de 1988, pág. 762. Como S. Dawking, también Alan Guth reconoció que no hay "*manera de saber de dónde salieron las leyes físicas*".

[44] http://grisda.org/espanol/ciencia-de-los-origenes/ciencia-2010-2014-new/ciencia-de-los-origenes-numero-84-junio-2013/879-2/.

nombres: "Multiverso", "Líneas de tiempo alternativas"; "Universos alternativos" y "Universos cuánticos". En 2013 los científicos Laura Mersini-Houghton y Richard Holman se arriesgaron en afirmar haber encontrado alguna lejana evidencia.[45] Pero era lógico que esta idea tan fantasiosa, provocara una gran controversia en la comunidad científica.[46]

El promedio de la densidad de toda la materia en el universo es 100 veces menor que lo requerido para la teoría del Big Bang.[47] No hay modo de unir las partículas expulsadas por la acción inflacionaria del Big Bang. Éstas seguirían alejándose en forma rectilínea, separándose unas de otras. Se supone que el Big Bang se produjo sobre un espacio totalmente vacío, exento de materia. Siendo así, las partículas subatómicas expulsadas deberían haber mantenido la misma velocidad y la misma dirección perpetuamente. La fuerza de gravitación ya habría perdido su fuerza inicial; y con la gran explosión que propone la teoría, no habría podido formar órbitas atómicas, ni estelares ni formar galaxias, cambiando de dirección ni haciendo retroceder los elementos. Esto se ve hasta en los sistemas actuales: Moulton dijo que Neptuno gira 200 veces más rápido que sus compañeros, contradiciendo la ley de la fuerza centrífuga, y que tiene un satélite que gira en sentido contrario. Como Urano. Y Venus tienen una inclinación tan distinta que parece orbitar en sentido contrario.

Con respecto a la expansión universal, al tratar de medir la expansión con varias sondas espaciales, dio mediciones contradictorias. Según una medición es de 72 km por segundo Mpc (en 3,3 millones de años luz). Pero también dio 73,5 y 67 km/sMcp, según qué se medía. Se propuso que la materia oscura es dinámica. Pero eso no debería ocurrir en un mismo universo, a menos que todas las mediciones extrapoladas fueran erróneas[48] El premio Nobel Adam Riess dijo que "las mediciones no coinciden, estamos perplejos". Tratando de medir la expansión con varias sondas espaciales, dio mediciones contradictorias.[49]

Y David Gentry explicó que la hipótesis de la expansión espacio-tiempo nunca ha sido probada. La expansión de longitud de onda implica pérdida de energía. El total de la no conservación de la energía de todas las partículas de luz en el universo, causado por este proceso imaginario, equivaldría a 30 millones de veces la masa del universo.[50] Otros astrofísicos calculan que la velocidad de expansión universal es dos a tres veces la calculada. Esto nos llevaría a un Big Bang de apenas 8.000 a 9.000 años luz. Así que los 13.700 millones de años luz para el origen del universo, que han estado presentando, no tiene fundamento. Sólo se trata de un consenso de astrónomos.

R. Gentry también mostró que "la radiación de microondas cósmicas", que resta del Big Bang, y que se calculó en 50 grados Kelvin, luego en 20K y finalmente en 2,73 K, Gentry

---

[45] http://www.dailymail.co.uk/sciencetech/article-2326869/Is-universe-merely-billions. (Visto 16-3-2018).

[46]http://www.dailygalaxy.com/my_weblog/2013/10/is-our-universe-one-of-billions-new-planck-data-has-anomalies-caused-by-unknown-gravitational-pull-t.html; http://arxiv.org/abs/1303.5090.

[47] P.V. Rizzo: "Revisión de los Misterios del Universo*" en Sky and Telescope*, (agosto de 1982), pág. 150.

[48] *NASA admite que no comprende lo que está pasando al universo.* https://www.youtube.com/watch?v=0LKOfX8JxTE.

[49] C.W. Misner, Kip Thorner, and J.A. Wheeler, (Editorial W. H. Freeman & Company, 1973), p. 719, sección 27.5).

[50] Robert V. Gentry y David W. Gentry, *La genuina Rosetta Cósmica.* www.arxiv.org/abs/gr-qc/9806061.

probó que es muchísimo menor (ese error todavía no se lo ha corregido). Por lo tanto, la conservación de la energía del Big Bang no es válida.

Las partículas cambiaron de dirección y formaron nubes gaseosas:

Ahora supongamos que la expansión pudo haber formado sopa de partículas, nubes de gases y estrellas.

Las moléculas de gas en el espacio están muy separadas: Cuando digo "gas" me refiero a átomos de hidrógeno y/o helio muy separados unos de otros. Todo gas en el espacio exterior tiene una densidad tan rarificada, que es mucho menor a la presión del vacío atmosférico generado y en cualquier tubo de laboratorio del mundo. Ni el hidrógeno ni el helio pudieron aglutinarse en el espacio, y ningún gas en la Tierra se aglutina. Estos átomos tendrían aún menos posibilidades de agruparse en el espacio exterior.

Las nubes de gas se convierten en estrellas:

Ahora vamos a suponer que estas partículas pudieron desacelerarse, cambiar de dirección y formar inmensas nubes de hidrógeno y helio.

Además de que los gases de hidrógeno y helio no se aglutinan, las investigaciones han revelado que no hay suficiente materia en las nubes de estos gases como para producir estrellas. La densidad de toda la materia en el universo es 100 veces menor que la requerida por la teoría del Big Bang. Por eso es que se inventó la idea de los agujeros negros que tragan toda la materia que se encuentra a su lado. Pero las estrellas más cercanas que bordean estos supuestos agujeros, no son absorbidas negando la hipótesis.[51] Por eso después inventaron la teoría de que estas estrellas del borde tienen algo inexplicable que impide ser absorbidas (si hay problemas se lo soluciona creando nuevas hipótesis).

De acuerdo a la teoría del Big Bang, la densidad material debía de ser de 10 átomos/m3 y solo observamos el 2% de dicho valor, el 98% restante es materia oscura (no observada) y energía de Vacío que le llaman Oscura. Además, el físico Andre Maeder sostiene que tanto la energía oscura como la materia oscura son hipótesis sin prueba alguna. Y cree que su modelo de expansión del universo no necesita de esas hipótesis.[52]

No habría tiempo suficiente para que los gases pudieran haber alcanzado la actual expansión universal y, por lo tanto, no podrían convertirse en estrellas. Los teóricos dicen que el Big Bang se produjo hace 13.700 millones de años, y que las estrellas se formaron 5 mil millones de años más tarde (ahora creen que es menos). Pero hoy se sabe que hay galaxias, como la MACS J0647, que se encuentran a 13.400 millones. Es decir, a solo 300 millones del Big Bang. Y puede haber estrellas más cerca del centro, pues el telescopio no pudo llegar más lejos[53] Ahora dicen que las estrellas pudieron formarse antes. Pero el problema se complica.

---

[51] P.V. Rizzo: "Revisión de los misterios del universo" en *Sky and Telescope*, agosto de 1982, pág. 150.

[52] *Una nueva investigación cuestiona la existencia de la materia y energía oscuras.* https://www.youtube.com/watch?v=mGeMDeSA24M.

[53] Rizzo, Idem.

Las estrellas explotaron y las supernovas produjeron elementos pesados:

Ahora supongamos que las nubes de gas lograron formar la primera generación de estrellas. El Big Bang habría producido gases de hidrógeno y helio. Entonces, ¿cómo se formaron los demás elementos?

Ellos argumentan que las estrellas de "la primera generación" explotaron repetidas veces por mucho tiempo, generando así esos elementos pesados. Pero es imposible que el hidrógeno y el helio se auto-conviertan en elementos más pesados. La primera barrera en los núcleos está en la masa 4 a 5, y la siguiente en la 7 a 8.[54] Los hechos nos dicen que todas las estrellas, tanto las "antiguas" como las "jóvenes", tienen aproximadamente la misma cantidad de elementos pesados.

La teoría requiere que todas las estrellas exploten frecuentemente. Pero como los astrónomos no lo ven, se dijo, sin dar explicación, que esas explosiones se detuvieron súbitamente hace 5.000 millones de años. Pero hoy se sabe que hay estrellas con elementos pesados a 13.400 años luz; y desde que K. Davidson lo confirmó en 1982, las supernovas no producen elementos pesados. Además, la explosión de una estrella no puede formar otra estrella, pues el gas sólo se expande. Se basaron en cambios de luminosidad de algunas estrellas, para crear la idea de formación y muerte de estrellas. Pero la estrella KIC8462852 está dejando a los astrofísicos sin palabra, pues ella de muestra que algunas lo hacen en períodos regulares, y no por un nacimiento o la muerte. El astrofísico Fred Hoyle predijo la existencia de un estado excitado del núcleo de carbono 12, empleando un argumento semejante al principio antrópico. Sin ese estado casi milagroso la síntesis del carbono no sería posible y, en consecuencia, no habría vida en el universo.[55]

Si la expansión del Big Bang fuera cierta, debiera haber un centro vacío en constante expansión. Pero ahora se ven galaxias a más de 13.200 millones de años luz (galaxia MACS J0647), donde se suponía que debía haber sólo estrellas. Y una de ellas a 13.400 millones. Es decir, a solo 300 millones del origen universal según la teoría.

Todas las estrellas deberían moverse en la misma dirección, pero algunas órbitas actúan en reversa con respecto a otras estrellas. Los teóricos no pueden explicarlo.

La edad del universo conocido es muchísimo mayor a 13.700 años. Esto se sabe ahora por el descubrimiento de agrupaciones de galaxias que forman unidades llamadas "supergluster". El record lo ostenta un supercúmulo de miles de galaxias llamado la Gran Muralla Sloan.[56] La SGW está situada a unos mil millones de años luz de la Vía Láctea y fue descubierta en 2003 por J. Richard Gott y Mario Jurić, de la Universidad de Princeton, a partir de los datos del *Sloan Digital Sky Survey* (SDSS). La SGW está formada por varios supercúmulos galácticos, siendo el mayor de ellos el SC1 126.[57]

---

[54] *La mayor estructura del Universo*, Daniel Marín11MAY1123. http://danielmarin.naukas.com/2011/05/11/la-mayor-estructura-del-universo/, (visto el 7-10-2016).

[55] *Sobre la génesis del carbono*, https://www.investigacionyciencia.es/noticias/sobre-la-gnesis-del-carbono-9813).

[56] *Sloan Great Wall*, SGW.

[57] *Los agujeros negros no existen, dice Stephen Hawking, al menos no como los imaginamos*. https://www.nationalgeographic.com.es/ciencia/los-agujeros-negros-no-existen-dice-stephen-hawking-al-menos-no-como-los-imaginamos_7983.

Variantes del Big Bang y nuevas propuestas:

Como una variante del Big Bang, para tratar de respetar la primera ley de la termodinámica, George Gamow propuso un universo oscilante, donde las partículas subatómicas del colapso universal vuelven a generar otro Big Bang. Pero Robert Jastrow desacreditó esta teoría, pues cuando todo el hidrógeno sea utilizado, no habrá nada que pueda reemplazarlo; y además necesitaría diez veces la cantidad de materia que hay ahora. Y es una de las causas que se inventó la hipótesis de "la materia oscura", que ocuparía el 97% de toda la materia. Pero varios cosmólogos, como George Djorgovski, la rechazan porque no existen pruebas de su existencia.

En verdad, desde que Fritz Zwicky presentó esta hipótesis de la "materia oscura", y desde que en 1998 unos autralianos concluyeron que el aumento de la aceleración en la expansión del universo, se puede explicar con una "energía oscura"; y se las ha defendido con entusiasmo, ahora desde la Universidad de Ginebra, "una nueva investigación cuestiona la existencia de la materia y energía oscuras".[58] A esto debemos agregar el rechazo de S. Hawking y otros a la teoría de los agujeros negros. Simplemente "no existen".[59]

Otra variante de la teoría Estandar es la de Allan Guth y Paul Steinhardt, que, violando la primera ley, se inicia con la singularidad de una partícula fría en expansión, que no explicaron cómo ni de dónde se habría originado. Cuando alcanzó unas cinco pulgadas se calentó y explotó.

El físico Roger Penrose niega las propuestas del comienzo del Big Bang, y propuso que nuestro universo continuamente se genera y se destruye por la ley de la entropía, formando constantemente nuevos "eones" o pequeños Big Bang en distintas partes del único universo. De esta manera se regenera para mantenerse constante.

Como el Big Bang requiere todo eso que se destacó, los cálculos de probabilidades nos señalarían una suerte imposible de aceptar en forma natural. Por eso se inventó la idea del "Multiverso", con una posibilidad entre millones, para que todo eso, y con mucha suerte, permitiera que nuestro universo se auto-generara. ¿Qué pruebas hay para semejante propuesta? No la hay ni lo habrá; es sólo una hipótesis de gran creatividad y fe. Y llama la atención que esto sea propuesto por hombres de ciencia que niegan la existencia de una Inteligencia, porque no la ven, pero sí creen en millones de universos que jamás podrán ver y probar científicamente, sólo porque lo necesitan para sostener tercamente la teoría. Que esto esté sucediendo es realmente lamentable.

Por la gran cantidad de críticas recibidas, Stephen Hawking abandonó el origen cósmico a partir de una singularidad; y dejando a un lado la Teoría Estandar del Big Bang, propuso un universo sin principio por gravitación cuántica y en eterna expansión. Lamentablemente no se dio cuenta de que un universo eterno en expansión, es un universo en eterno colapso, donde no habría sistemas solares ni galaxias, sino estrellas y mundos

---

[58] https://www.tendencias21.net/Una-nueva-investigacion-cuestiona-la-existencia-de-la-materia-y-energia-oscuras_a44279.html.

[59] *Los agujeros negros no existen, dice Stephen Hawking, al menos no como los imaginamos.* https://www.nationalgeographic.com.es/ciencia/los-agujeros-negros-no-existen-dice-stephen-hawking-al-menos-no-como-los-imaginamos_7983.

solitarios sin luz, cubiertos de gruesa capa de hielo. Además, Barrow, Carr, Caster, Davies, Dawkins, Deutsch, Ellis, Greene, Guth, Harrison, Linde, Page, Penrose, Rees, Sandage, Smolin, Tegmark, Tipler, Vilenkin, Weinberg, Wheeler y Wilczek, se oponen a un universo eterno por los problemas que debe enfrentar la teoría.

Stephen Hawking, llegó a este error porque se había propuesto "destruir la idea religiosa de Dios", al basarse en hechos sobrenaturales que hoy los científicos no pueden probar. Pero admitió que su teoría de los orígenes, también se basa en el mismo problema: En un comportamiento "muy diferente a la materia que estamos familiarizados".[60]

El corrimiento al rojo debería ser el mismo para quasars como para galaxias, según la TBB, pero eso no es lo que se verifica. Tampoco Edwin Hubble explicó por qué no quiso el centro universal de Lemaitre, ni probó que ese corrimiento al rojo en el espectrómetro prueba alejamiento o si simplemente revela distancias. Hubble Contradice la relatividad especial, al hablar del origen simultáneo de la materia y de la expansión desde distintos puntos de manera simultánea. La edad de los grandes cúmulos globulares (superclusters) da evidencia de que es mucho más antigua que la del Universo mismo que fijaron con bombos y platillos en 13.700 mil millones de años luz. Y esto es sólo una parte de los problemas.

Tan confusa es la situación cosmológica actual, que ya hay una veintena de teorías para la formación del universo en forma espontánea. Estas son:
El Estado Estacionario o Creación Continua.
La Cosmología de Plasma.
La del Orden Implicado.
La del Universo Atemporal.
La de la Inflación Caótica.
La de la Inflación Eterna.
La del Multiverso (universo múltiple).
La teoría del Metaverso de teoría M.
La Cosmología Holográfica.
La Teoría Integral del Todo (que trata de reunir varias de estas teorías).
La teoría de un universo sin principio por gravitación cuántica.
La del universo oscilante.
La de la Gran Congelación (por período gélido).
La de la Gravedad cuántica de bucles.
La CDT o Causales Triangulares Dinámica.
La de Gravedad cuántica de Einstein.
La de Quantum Graphity.
La de Relatividad Interna Continua (por giros locales).
La EB, de 8 dimensiones de modelo matemático con 248 puntos.

Y finalmente podemos mencionar la que algunos creen que puede ser la teoría que puede unir a la mayoría: La Teoría de Cuerdas, que es la más versátil. Hablando con sencillez, aquí el universo estaría compuesto de cuerdas que se alargan o se acortan, se doblan o se enrollan formando fácilmente esferas, planetas y sistemas estelares.

---

[60] *La gran pregunta, Stephen Hawking*, https://www.youtube.com/watch?v=XWCYxzMBiAw, 9/5/2010, (visto el 31/10/2014).

Vemos, pues, que la creatividad de algunos cosmólogos es sorprendente. Solo para el proceso de la época Plank, hay más posiciones divergentes: La inflación brana, el estado inicial Hartle-Hawking, el paisaje de cuerdas, la cosmología de las cuerdas gaseosas y el Universo ekpyrótico. Y así podemos ir sumando teorías para tratar de explicar cómo se realizó lo que hoy las leyes físicas rechazan. Por eso, todos los teóricos que no quieren aceptar un poder inteligente anterior a los orígenes, que cumpla con la primera ley de la termodinámica de una energía eterna, seguirán en esta confusión.

Pero, ¿quiere decir que si los teóricos ateos no pueden explicar el origen del cosmos, esto prueba la existencia del Dios? No. En ciencias así no se prueban las teorías, ya que mediante su metodología no se puede probar ni desaprobar su existencia, hasta que se lo vea, se lo examine o se busque un argumento suficientemente sólido. Pero vimos que el argumento de William Paley, de un reloj semienterrado en la arena, donde no se ve la presencia de un ser inteligente, no prueba que el reloj fue fabricado por un relojero que después que lo hizo se ausentó. También lo podría haber hecho un ingeniero que se las arregló para hacerlo, sin tener conocimiento de relojería, pero valiéndose de lo que aprendió en su especialidad. Y, por supuesto, creer que pudo ser fabricado por la arena, como pretenden los agnósticos, sería irracional, no importa el número de eones que le sumen.

Ni la arena puede fabricar un reloj, ni las partículas subatómicas fabricar las leyes del átomo y del universo. Sin una Inteligencia con energía eterna (primera ley de la termodinámica), en cosmología no queda otra alternativa. Y por eso se propuso la idea de un universo sin principio por gravitación cuántica en expansión. Así por fin quedaría desterrada la idea de una creación por una Fuente de energía eterna e inteligente. Stephen Hawking, que había propuesto un inicio a partir de la nada, y después la cambió por las cuatro fuerzas fundamentales, antes de su muerte abandonó esas creencias por un universo sin principio en expansión. Pero vimos que no tomó en cuenta que en un universo eterno en expansión, hoy ya habría perdido todo el hidrógeno, y no estaríamos viviendo dentro de un sistema solar. Es evidente que su mente brillante se fue apagando poco a poco.

Las mayores autoridades de la teoría del Big bang: C.W. Misner, Kip Thorner y J. A. Wheeler, reconocen que la teoría de la expansión no se cumple, aunque podría cumplirse a distancias mayores. Pero ni Repp, ni Pitts, ni Hawking, ni nadie ha podido probar que el corrimiento al rojo del espectro Doppler, señala la expansión universal que propusieron primeramente Friedmann, Lemaitre y Habble. Este espectro al rojo no señala alejamientos, sino distancias alejadas. Esto se prueba fácilmente, pues si existiera esa expansión universal, deberían aumentar constantemente todas las distancias estelares, como la distancia tierra-sol en la misma época del año, que no se cumple. Sólo se trata de una hipótesis medida con extrapolaciones.

Esta es la situación actual, mantenida por dos posiciones científicas antagónicas: "Según una encuesta realizada para la American Association for the Advancement of Science (AAAS) por el Pew Research Center en mayo y junio de 2009, concretamente un 51% de los científicos norteamericanos afirmó creer en Dios o en un poder superior, mientras que el 49% restante se declaró ateo".

Pero es principalmente entre los que investigan los orígenes del cosmos y de la vida, cuando se puede ver una necesidad mayor de una Inteligencia universal. Por eso, además de la larga lista de cosmólogos y astrofísicos creyentes, podemos mencionar algunos que eran ateos; y al ser consciente de lo que vimos, hoy también se declaran creyentes en Dios. Entre otros podemos mencionar a Allan Sandage (1926-2010): Astronomía y Cosmología. Medalla Dorada de la Royal Astronomical Society, descubridor del quasar y Miembro de la Royal Society. Jennifer J. Wiseman: Astrofísica y Astronomía. Miembro de la American Scientific Affiliation. Robert Jastrow (1925-2008): Cosmólogo y astrónomo. Sarah Salviander: astrónoma y astrofísica desde 2008.

Todos reconocieron que si es difícil para una persona normal, creer que exista una clase de partículas subatómicas que pueda saber cómo generar y codificar las leyes físicas del átomo, cuánto más lo es para un científico, que entiende que esta creencia es irracional y degradante. Y cuánto más que esto esté ocurriendo en pleno siglo XXI, tan lejos de aquellos dogmas medievales de la Iglesia Romana. Ella fue la que prohibió los descubrimientos de Galileo Galilei y la lectura de la Biblia hasta el Concilio Vaticano II, para que la gente no se enterara de sus errores. Y para muchos científicos y religiosos, la Mea culpa anunciada por Juan Pablo II a principios del siglo XXI no fue suficiente.

Cuando Stephen Hawking presentó al mundo la teoría del Big Bang, dijo entusiasmado: "Ya no necesitamos creer en Dios". Y Richard Dowkins decidió hacer una cruzada contra los que creen en una Inteligencia o la Divinidad. Pero, frente a los hechos y ante un creciente número de críticas, Hawking finalmente confesó:

"Las probabilidades en contra de un universo como el nuestro emergiendo de algo como el Big Bang son enormes. Pienso que claramente hay implicaciones religiosas. Sería muy difícil explicar por qué el universo comenzaría de esta manera, a menos que fuera un acto de un dios que creó a seres como nosotros y a propósito".[61]

Y el premio Nobel George Wald cree "que [una] mente... ha existido siempre como la matriz, la fuente y la que pone condiciones para la realidad física, que el material del que se compone la realidad física es materia-mental. Es [una] mente la que ha compuesto un universo que engendra la vida".[62]

Y el premio Nobel de física, Arno Penzias, dijo: "La astronomía nos conduce a un evento único, un universo que fue creado de la nada, uno con el delicado equilibrio necesario para proporcionar exactamente las condiciones necesarias para permitir la vida, y uno que tiene un plan subyacente, uno podría decir que es un plan sobrenatural".[63]

Dra. Leslie Wickman escribió que "cuando observamos la complejidad del cosmos, desde las partículas subatómicas hasta la materia y la energía oscura, rápidamente concluimos que debe haber una explicación más satisfactoria que una simple casualidad. Si se practica adecuadamente, la ciencia puede ser un acto de adoración al ver a Dios revelarse a sí mismo en la naturaleza. Si Dios verdaderamente es el creador, entonces Él se revelará a través de lo

---

[61] *La fórmula definitiva: ¿Cómo nació el universo?.* En: https://www.youtube.com/watch?v=jP9SSg75-ss.
Hugh; Ross, *Creador Supremo: Pruebas de su existencia en el universo.* (https://www.youtube.com/Watch?v=AUyWXrfEJXc, publicado el 1-6-1013.

[62] George Wald, 1984, "Life and Mind in the Universe", *International Journal of Quantum Chemistry: Quantum Biology Symposium* 11, 1984: 1-15.

[63] Hugh Ross, *Creador Supremo: Pruebas de su existencia en el universo.* En: (https://www.youtube.com/Watch?v=AUyWXrfEJXc. (publicado el 1-6-2013).

que ha creado, y la ciencia es una herramienta que podemos usar para descubrir esas maravillas".[64]

LA EDAD DE NUESTRO PLANETA

La edad de nuestro planeta se formó bajo la teoría del uniformismo de los siglos XVIII y XIX, especialmente con James Hutton, John Playfair, Charles Lyell y William Whewell. La teoría era que "el presente es la clave del pasado". Es decir, que nunca hubo en el planeta alguna acción diferente a la de hoy. Por supuesto, hoy se lo rechaza.

En 1774 Buffon calculó la edad de la Tierra en al menos 180.000 años. En 1856 el físico alemán Hermann von Helmholtz, calculó una edad de 22 millones; y en 1892 el astrónomo canadiense Simon Newcomb, en 18 millones. El astrónomo de la Universidad de Cambridge, William Thompson, (Lord Kelvin), calculó la edad de la Tierra entre 25 y 100 millones de años. Arthur Holmes (1890-1964) propuso que la edad de la Tierra era de al menos 1.600 millones de años. En la década de 1920, la edad de la Tierra creció hasta alcanzar los 3.000 millones de años, con lo cual se llegó al contrasentido de que la Tierra era más antigua que el universo, ya que entonces la edad de este se estimaba en aproximadamente 1.800 millones de años.

En base a esta idea, y mayormente con la teoría del Big Bang, comenzaron a fijarse fechas millonarias, hasta que hoy se propone para nuestro planeta 4.600 millones de años, basándose en el decaimiento de hafnio 182 en tungsteno 182, sin que las evidencias sean concluyentes. Esto es porque no se ha podido determinar científicamente la edad exacta. Y seguramente, debido a los supergluster (reunión de miles de galaxias) encontrados últimamente, obliga a los astrófisicos de la Teoría Estandar a fijar mayores edades para el universo y nuestro mundo, Esto favorece la nueva teoría de un universo eterno, pero sin expansión, pues de lo contario hoy no habría sistemas solares, sino solo astros congelados y aislados y con insuficiencia de hidrógeno.

La edad universal que había sido propuesta por el irlandés James Usher (arzobispo de Armagh, 1581-1656), para la creación divina de nuestro planeta, fue para del domingo 23 de octubre del año 4004 antes de Cristo, a las 9:00 a.m. del año 4004 a.C. ¿Dónde obtuvo tantos datos? No de la Biblia, como veremos. Por lo visto, no solamente los teóricos agnósticos son tentados a inventar en busca de popularidad.

La edad del universo y de nuestro planeta según la Biblia:

Aunque la Biblia se adelanta hasta 35 siglos a los descubrimientos científicos, en 30 oportunidades,[65] sabemos que no es un libro de ciencia, sino de religión. Por lo tanto, no la empleo aquí para probar nada, sino para corregir los falsos testimonios que se dicen de ella.

En ninguna parte de la Biblia dice que nuestro planeta vacío, así como Moisés lo vio al principio de la visión divina (según Génesis 1:1,2), dice o da a entender que tiene unos

---

64

65 *La Biblia se adelanta a la ciencia.* https://www.academia.edu/35274675/La_Biblia_se_adelanta_a_la_ciencia._docx.

6.000 años de edad. Esa edad es de la vida que Dios creó en la semana de la creación, no del centro o núcleo de la Tierra hasta los fundamentos de rocas basálticas y graníticas, sobre las cuales se ve la superficie terrestre y la vida. Tampoco tienen esa edad los astros y el universo entero, sino que al contrario, pueden ser mucho más antiguo que los 13.700 millones de años que fijaron los teóricos del Big Bang.

Cuando la Biblia dice: "En el principio creó Dios los cielos y la tierra. Y la tierra estaba desordenada y vacía, y la tinieblas [hebreo *chosek*] estaban sobre la faz del abismo" (Génesis 1:1,2), se refiere a la creación que Moisés no pudo ver en la visión, porque la tierra estaba envuelta por una "faja de oscuridad" (*arafel:* Job 38:9); y porque lo que oyó del Creador ocurrió antes: "en el principio". Es decir, mucho antes que en la semana de la creación, Dios creara todo lo que se ve sobre las rocas basálticas y graníticas (la base de los continentes),[66] y obrara con las nubes para que se pudieran ver el sol, la luna y las estrellas. La palabra hebrea que usa para el cuarto día de la creación, no es el hebreo *bará*, para decir que entonces Dios creó el sol y los demás astros, sino *asáh*, que significa obrar con elementos ya existentes (Génesis 1:16).

Esto lo confirma el Creador en el cuarto mandamiento, cuando dice: "Porque en seis días hizo [*asáh*] Jehová los cielos y la tierra" (Éxodo 20:11). Lo que hizo con elementos ya existentes en "los cielos" atmosféricos, durante la semana de la creación, fue primero elevar las nubes que se mezclaban con las aguas; y al cuarto día despejar esas nubes que todavía impedían que se viera el sol; y a la tarde la luna y las estrellas. Fue desde entonces que llegaron a ser "señales" (Gén. 1:14). Es decir, Moisés entendió por qué había día y noche ("la tarde") en los tres primeros días, sin poder ver esas fuentes de luz, por permanecer nublado hasta el cuarto día. Por eso el sol y demás astros del cielo no fueron creados (*bará*) en ese cuarto día (como si Dios fuera tan desorganizado de crear la Tierra y después el sol, que es la base de nuestro sistema planetario). Recordemos que los sistemas estelares se mantienen en perfecto equilibrio por la gravedad universal. Se mueve o se quita un planeta y será alterado todo el universo. Esto es lo que no entienden los teóricos del Big Bang, mediante una expansión explosiva aleatoria.

En Isaías 48:13; 45:12, nos revela qué creó Dios en ese "principio" de Génesis 1:1, y que Moisés no pudo ver porque había una "faja" de nubes oscuras (Génesis 1:2; Job 38:9: *arafel*): "Mi mano fundó la tierra [vacía], y mi diestra extendió los cielos [es decir el sol y los demás astros]. Al llamarlos **comparecieron juntamente**". Por lo tanto, dice que la Tierra y el universo fueron creados juntos. Pero no la expansión que vio Moisés y también le llamó "cielos", como atmósfera terrestre (Génesis1:8), pues no se formó "juntamente" con la tierra vacía, sino después (Génesis 1:7,8). Por lo tanto, no debemos confundir los "cielos" de

---

[66] Los "pilares" o "columnas" que sostienen la tierra, según la Biblia, no son los que se presentaban durante la Edad Media, ni los que con testarudez presentan los terraplanistas de este siglo. La tierra (*ge*) que el Creador subió sobre el agua que cubría totalmente el planeta (Génesis 1:2); y que si hoy se lo alisara quedaría cubierto por 2600 metros de agua, pudo permanecer (griego *sunistera*) sobre el agua (*údatos*) mediante pilares a manera de "columnas" (heb. *matsuq*) de roca, que formó desde "los cimientos" basálticos, no de una base de hielo o de elefantes. Así lo explica la Biblia (1 Sam. 2:8; Sal. 104:5; Prov. 8:29). Así que, al levantar en la creación la superficie terrestre, el "gran abismo" descendió a esas grandes cavernas subterráneas y formó "las fuentes del gran abismo" (Gén. 7:11). Hoy se sabe que debajo del Sahara hay 100 veces más agua que en la superficie del continente africano. Lamento, pues, que se digan tantas barbaridades de la Biblia no sólo de parte de los ateos que desean ridiculizarla, sino también de parte de los mismos creyentes.

Génesis 1:1 con los de la semana de la creación. Y por eso en el Decálogo dice que Dios "en seis días hizo" (hebreo *asáh*: hacer con material ya existente, como se lee en Génesis 1:16, no *bará* de Génesis 1:1) "los cielos y la tierra" (este mandamiento habla de toda la creación de la vida sobre la tierra vacía ya existente: Éxodo 20:11).

Entonces, debe quedar claro que el sol, la luna y las estrellas (universo) no fueron creados (*bará*) en el cuarto día. Esto no dice la Biblia. En este día Dios disipó las nubes (*asáh*), y se vio por primera vez el sol que ya alumbraba, pero no se lo podía ver porque estaba nublado.

Y si el universo no fue creado ni en el primer día, ni en el cuarto de la semana de la creación, ¿cuándo fue ese "principio" de la creación? La Biblia nos revela que fue antes, pero no nos da una fecha. En cambio, nos puede orientar la luz de las estrellas que llegó hasta nosotros y las podemos ver gracias a los radiotelescopios desde por lo menos 13.400 millones de años luz (años luz es el tiempo que tarda una estrella ya existente, o que comienza a alumbrar y podemos verla desde la tierra). Y es posible que el universo tenga una edad mucho mayor que 13.700 millones de años, pues ya vimos que los tiempos que dan los teóricos no son seguros. Por sus creencias, muchos creacionistas pretenden obligar al Creador a que debía permanecer sin hacer nada desde la eternidad hasta hace 6000 años atrás. ¿Por qué?

Como dice la Biblia, Dios es eterno (Yahweh Dios significa el Dios que siempre existe: Éxodo 3:13-15); y la energía de su "persona" (heb. *pané*) cumple con la primera ley de la termodinámica, que dice que la energía no se crea ni se destruye, sino que se transforma. Y es esta energía o "aliento", lo que salió de Dios mientras daba las órdenes, y se condensó en materia universal (Salmos 33:6). Stephen Hawking sostuvo al principio que la materia del universo se formó por el Big Bang a partir de "la nada absoluta". Y fracasó porque era irracional.

La Biblia nos presenta algo más lógico, pues "de la nada, nada sale", dijo Lucrecio. Y en la semana de la creación, concluyo la creación universal de Dios (hasta hoy: Génesis 2:1). Por eso antes de esa semana creativa ya existían seres como nosotros; y la Biblia los considera "parientes" nuestros por ser también "hijos de Dios" (Job 38:7; Efesios 1:10; 3:15; Hebreos 12:23). Esos "parientes" "hijos de Dios"[67] que vinieron en representación de sus mundos, vinieron con los ángeles[68] para ver la creación de la vida terrestre. Por lo tanto, según la Biblia, ya existían mundos poblados antes de nuestra creación.

También debemos tener en cuenta que generalmente, cuando en la Biblia se habla de la "tierra" y del "mundo", no se habla del "principio del polvo del mundo" (Proverbios 8:26), desde su núcleo incandescente hasta los fundamentos (*yacad*) de basalto y granito de los continentes y los océanos (Génesis 1:10), sino de la vida sobre las superficies continentales (Génesis 1:10) y del "mundo" (población mundial) que peca y puede ser salvado o condenado (Juan 3:16).

Como leemos en el Antiguo Testamento (Proverbios 8:29; Isaías 51:16 y Jeremías 31:17), el apóstol Pablo también asegura que primero Dios creó "los cimientos de la tierra, y los cielos" (Heb.1:10). Y como el profeta Isaías también dice que Dios y sus ángeles "vienen

---

[67] Elena G. de White, *Primeros escritos*, (Mountain View, California: Publicaciones Interamericanas, 1962), p. 217.

[68] Cuando muestran su gloria, de lejos parecen "estrellas": Job 38:7; Mateo 2:1,2; Apocalipsis 12:3,4.

de **lejana tierra** [el planeta central del universo], de lo más lejos de los cielos" (Isaías 13:5,9-11),[69] esto explica por qué los radiotelescopios todavía no encontraron el centro universal que mencionaba Georges Lemaitre (1894-1966) con el Big Bang. También esta revelación nos hace entender que el universo es mucho más antiguo que los miles de millones de años que hoy suponen, señalado por la existencia de gigantescos súper-cúmulos, que traen tantos problemas a los teóricos con respecto a la edad del Big bang.

LA GEOLOGÍA EVOLUCIONISTA Y SUS PROBLEMAS

Un círculo vicioso:

James Hutton, a menudo visto como el primer geólogo moderno, presentó en 1785 un documento titulado *Theory of the Earth, with Proofs and Illustrations* para la Sociedad Real de Edimburgo, mostrando la necesidad de corregir la edad terrestre, como muchos creyentes sostenían en base a la interpretación errada de la Biblia, como vimos. En 1830 Charles Lyell publicó su famoso libro *Principios de geología*, que influyó en el pensamiento de Charles Darwin, promoviendo con cierto éxito la doctrina del uniformismo, que hoy es refutada. Él creía que los procesos geológicos que han ocurrido a lo largo de la historia de la Tierra, aún se están produciendo en la actualidad. Nada ha cambiado. Pero hoy se sabe que la mayor parte de los fósiles encontrados, fueron sepultados y fosilizados por catastrofismo. Por eso el proceso de fosilización hoy no se produce sino sólo parcialmente y por fuentes de aguas muy mineralizadas como en el Puente del Inca en Mendoza, Argentina (de paso se produce en pocos meses y años, no en millones como se pensaba. Y se entiende que no se produce una mineralización completa, sino sólo superficial).

Se están usado unos 60 métodos para medir edades en la vida y en los elementos de la tierra. Pero son tres los relojes radiactivos más usados. Éstos son el Uranio 235, el Potasio Argón y el carbono 14. Este último es el más confiable desde los 80 años atrás hasta 3000. De ahí en adelante comienzan los problemas.

Si un hueso contuviera alguna cantidad de carbono, de uranio, o de potasio, será examinado por uno de esos tres métodos dando tres resultados diferentes. Por eso se emplean de acuerdo a la edad que se ha fijado por consenso de geólogos (un argumento en círculo). Recuerde: Por consenso, no por pruebas.

Si se encontrara en la médula ósea de un Tyranosaurio Rex algún material blando donde todavía se pueden encontrar vasos sanguíneos, nunca se determinará su edad mediante el carbono 14 (C^{14}), a pesar que es el más confiable; y aunque el material todavía contenga carbono. ¿Por qué? Porque el C^{14} tiene una vida media de 5.730 años, y no puede medir bien más allá de unos 57.000 años. Así que se usará uno de los otros dos métodos. Como el de uranio-235 tiene una vida media de 713 millones de años, el fósil podrá fecharse de 50 a 800 millones de años. Y para determinar mejor la datación, se repetirá el proceso (que nunca sale

[69] Esta profecía se cumplió primeramente en Babilonia, pero el profeta lo toma como ilustración de lo que sucederá al fin del mundo, cuando Cristo vendrá del centro universal después de las señales del día oscuro, la luna roja, y la caída de inmensa cantidad de estrellas (de meteoritos) en 1833 (Mateo 24:29,30).

igual), y se elegirá el que no esté "contaminado", como dicen, pues es el que se ajusta a la datación ya definida por la teoría de la evolución.

Lógicamente nos preguntamos: La geología evolucionista, ¿ya probó que el Tyranosaurio Rex tiene 65 millones de años? No, porque fue determinado por consenso, no por pruebas. Esto sucede porque, como vimos, cada método radiactivo da edades distintas; y esto solo ya es un problema serio.

Dataciones mediante el carbono 14:

Para que los métodos radiactivos de datación sean válidos, se debe saber cuál fue la cantidad original que poseía el fósil en vida. Y esto sólo se puede saber con los representantes actuales. Por ejemplo, si sometemos unos moluscos vivos a la prueba del C^{14}, nos darán muy poca cantidad de C^{14}. Por lo tanto se interpretará que estaría ya muerto hace 2.300 años. Esta datación variará según la profundidad del agua donde vivía. Y si medimos pieles de focas muertas de hace tres días, nos dará 1300 años. Podemos tomar una almeja que todavía está viva, romperla en pedazos y enviarla a un laboratorio radiométrico para que le hagan la prueba del carbono, y le darán de 4.000 a 5.000 años de antigüedad. La edad estimada de las babosas vivas es de 2.300 años.[70] También se determinó para algunos árboles vivos, dándoles 10.000 años de antigüedad. Y para una concha de caracol vivo, se interpretó una edad de 27.000 años.[71] Y recuerde que estamos hablando del método radiactivo más confiable.

En la datación radio-carbónica también se debe saber si hubo o no cambios en la atmósfera, que hayan permitido el paso de más o menos C^{14}. Además de los cambios en el cinturón de Van Allen, dentro de la magnetosfera terrestre; que rodean la tierra a 15 y a 45 mil km, y protegen a nuestro planeta de esta lluvia de C^{14}. Los estudios indican que la intensidad del campo magnético se duplicó desde hace unos 5.000 años hasta hace unos 1.000 años, y ahora está volviendo a debilitarse. También debemos tener en cuenta las fluctuaciones de la radiación cósmica, que es la causante de la "fabricación" del C^{14}.

Sin una buena protección atmosférica, como la que hubo hace unos 5000 años, las tormentas magnéticas solares pueden aumentar mil veces la cantidad de rayos cósmicos durante unas horas.[72] Esto se sabe al encontrarse fósiles de zona tropical en la Antártida, indicando una época cuando la tierra estaba protegida de los rayos cósmicos y del C^{14}, por una capa atmosférica mayor, regulando la temperatura global como en un invernadero. Esto explica la abundante vegetación anterior convertida en petróleo, y también por qué pasando los 4500 años, hay una disminución drástica de hasta 10 veces la cantidad del C^{14}, interpretándose edades mucho más antiguas que la reales.

El doctor Melvin A. Cook ha desarrollado serias objeciones a las suposiciones de Libby. Se ha determinado que la tasa de formación de C^{14} en la atmósfera es de 2,5 átomos por centímetro cuadrado cada segundo, y que la tasa de desintegración del mismo es de 1,9 átomos por centímetro cuadrado cada segundo. Estas dos tasas deberían ser iguales si

---

[70] Keith y Anderson, "Radiocarbon dating: Fictitious results with mollusk shells", *Science*, Vol. 141, 1963, p. 111).

[71] *Ciencia*, vol. 224, 1984. pp. 58-61.

[72] A. Fairhall, J. A., Young, "Radinucleids in the Enviroment", vol. 93, *Avances en química*, (1970), p. 402.

existiera equilibrio, pero hay una diferencia muy significativa, dando la apariencia de edades mucho mayores[73]

También se debe tener en cuenta la acción del agua por inundaciones o infiltraciones, la contaminación con otros radioisótopos y minerales. Esto no se puede saber en la mayoría de los casos. Sin embargo, se sigue determinando la edad por C^{14}, que sólo es válida desde 80 años hasta 3000, y como máximo 4500 de antigüedad, como si fueran datos confiables para sostener los largos períodos de la teoría de la evolución.

H. C. Dudley, fue uno de los investigadores que demostró que podía cambiar la velocidad de desintegración de 14 diferentes radioisótopos, con sólo modificar factores como la presión, la temperatura, los campos eléctricos y magnéticos, y el estrés en las capas mono-moleculares, entre otras cosas. Las implicaciones de este hallazgo son tremendas. Por eso está siendo causa de discusiones, desilusiones y reinterpretaciones.[74]

En la edición 24/11/2011 por Davidmor, se verifica que el método de fechar con carbono 14 ha sido "corregido" tantas veces que se ha hecho difícil de entender para los mismos científicos. En las discusiones que hubo en 1969 no se pudo llegar a un acuerdo. El Dr. en Física nuclear, Jin Mason, dijo sin dar vueltas: "Las mediciones radiométricas son altamente incorrectas".[75]

En la revista *Science* se confiesa una gran desilusión por las incertidumbres cronológicas del C14: "Un error clásico de 'irresponsabilidad de C14' es la extensión de 6.000 años de 11 determinaciones para Jarno, una aldea prehistórica en el norte de Irak, que, sobre la base de toda la evidencia arqueológica, no fue ocupada por más de 500 años consecutivos".[76]

El Dr. Evzen Neustupný, Arqueológico de la Academia de Ciencias Checa, confesó: "A menudo se puede discernir claramente si una muestra ha sido contaminada o no por carbono moderno o carbono antiguo, si el resultado de una medida es muy diferente **al valor esperado**". Es claro, pues, que le llama "muestra contaminada" a la que no está conforme a lo "esperado" por la teoría. Estos informes se encuentran en *El Libro de las Respuestas*, Edición Revisada, por Ken Ham, Andrew Snelling y Carl Wieland, publicado por Master Books, 1992.

Tampoco se mide con C^{14} el mármol, el grafito del precámbrico y la piedra caliza que tienen carbono, para que no les dé una edad que no aceptan en la geología evolucionista. Los diamantes también están compuestos de carbono bajo mucha presión y temperatura. Y se cree que el proceso de formación tarda muchos millones de años. Pero a pesar que está compuesto de carbono, tampoco se los data con C^{14}, pues no les daría más que 57.000 años. Es decir unos 80 veces menos.

---

[73] Melvin A Cook, "Carbon-14 and the Age of the Atmosphere, Creation Research Society Annual", (junio 1974), pp. 53-56; *Science Digest*, diciembre de 1960, p. 19.

[74] Huber, B., "Recording Gaseous Exchange Under Field Conditions", *The physiology of Forest Trees,* (New York: Ronald Publishers, 1958). H. C. Dudley, "Radioactivity Re-Examined", Chemical and Engineering", *News*, (April 7, 1975), p. 2.

[75] *Orígenes evidencias de una tierra joven -3*, https://www.youtube.com/watch?v=uDuruax_gAA. (Visto el 11-7-19).

[76] *Science*, (11 de diciembre de 1959), p. 1630.

El Efecto Forbush: Plantea un problema más serio. Este efecto designa la variación de la intensidad de la radiación cósmica, a lo largo de las eras. Hoy se sabe a ciencia cierta que esta intensidad ha fluctuado enormemente.[77] Thomas Barnes probó que la protección del campo magnético en el pasado era mucho mayor que el actual. Y Horace Lamb, durante la década de 1880-90 probó que el debilitamiento es "exponencial". Es decir, que después de los 5000 años se le daría un fechado de 50.000 años, es decir 10 veces más.[78]

El Dr. R. E. Lee escribió: "Los problemas del método de fechado con radiocarbono son innegablemente profundos y serios... No sería sorprendente, entonces, que toda la mitad de las fechas es rechazada. La pregunta es, seguramente, que la mitad restante llegue a ser aceptada."[79]

A la teoría uniformista ya no se le da validez. Sin embargo, entre los catastrofismos geológicos que hoy se acepta, cuesta aceptar la catástrofe diluvial bíblica como una de esas posibilidades de explicación. De hecho, la fosilización total hoy no se produce, pues no están dadas las condiciones catastróficas por la acción del agua mineralizada mundial, sepultando con rapidez y alta presión los restos animales. Y esta es la causa principal por qué se está trabando tanta información para una explicación racional. Parece que el dogmatismo medieval ha vuelto a meterse en este siglo, por causa del prejuicio y la tozudez de algunos teóricos.

La datacion por potasio-argón:

La lava volcánica perteneciente a unas rocas de Hawai, fue sometida a la prueba del Potasio Argón, que dio de 160 millones a 3 mil millones de años. Pero esa lava fue arrojada del volcán en 1801. Unas rocas provenientes de Rusia que databan de 50 millones a 14 mil millones de años, tenían sólo unos miles de años. Un cañón o mortero proveniente de un antiguo castillo inglés fue probado con este método y dio 7.370 años, cuando fue construido hace 800 años. Las muestras de potasio-argón de la lava del Monte Ngauruhoe, Nueva Zelanda, que hizo erupción hace solo 50 años, arrojaron una edad de hasta 3 millones y medio de años.[80]

Harold S. Slusher, en "Las dataciones radiométricas-Crítica", dice que es imposible tener certeza en las mediciones, porque no sabemos cuál era el estado original de los isótopos. Ni se toman en cuenta la contaminación y la dilución por medio de las lluvias y las inundaciones hacia el mar. Lo que daría edades muy elevadas. Sobre todo, sucesos

---

[77] José Manuel Nieves, "El misterio del bombardeo cósmico del siglo VIII", *Ciencia*, 04/06/2012. También fue publicado en Nature.

[78] T. G. Barnes, "Decay of the Earth's Magnetic Moment and the Geochronological Implications", *Creation Research Society Annual*, June, 1971, pp.. 24–29. Para un tratamiento muy extenso de esta cuestión en castellano, existe la traducción de un trabajo del mismo Prof. Barnes, "Origen y Destino del Campo Magnético de la Tierra, de esta Colección Creación y Ciencia", nº 4, publicado por *SEDIN/Clie*, Terrassa, España 1981); Revista Uusi Suomi, artículo del 26 de febrero de 1990, *Maan magneettikenttä pienenee jatkuvasti*, (El Campo Magnético de la Tierra Continuamente Debilitándose).

[79] R. E. Lee, Radiocarbono, "Edades en Error", *Diario Antropológico de Canadá*, 1981, N⁰ 3, vol. 19, p. 9).

[80] "Arqueólogos, geólogos, botánicos y otros". Ver también en R. E. Tailor, "50 años de datación por el radiocarbono", *Ciencia de los orígenes*, (Enero-abril 2001), nº 58, p. 7.

catastróficos del pasado pueden haber alterado radicalmente la distribución de minerales radiactivos.

Mediante el reloj potasio-argón, en Hawai en una extensión submarina de la grieta oriental del volcán Kilauea, dio una edad de 22 millones de años, cuando el flujo tuvo lugar en realidad hace menos de 200 años. En agosto de 1993, el Dr. Steven Austin y otras personas estudiaron la lava de dacita del volcán de Santa Helena de 10 años de antigüedad, en los laboratorios Geochron de Cambridge, MA (un laboratorio profesional de alta calidad). Los resultados mediante la datación de potasio-argón, variaron entre 340,000 y 2.8 millones de años. La edad real era de solo 6 o 12 años según la primera o segunda erupción[81]

El antiguo "Hombre 1470" descubierto por Richard Leakey, dio con el método potasio-argón el imposible resultado de 220 millones de años. Lógicamente fue rechazado. Con un segundo análisis hecho por el catedrático E. T. Hall, dio 2,6 millones de años y fue publicado. Pero como no combinaba con las dataciones de los demás fósiles publicados, se lo fijó entre 290.000 y 19.500.000 años. Es evidente que el método de potasio-argón no es confiable, ni tampoco la interpretación de sus resultados.

La datación por uranio-plomo:

La mayor parte de los primitivos estudios de los halos paleocroicos fueron realizados por Joly y Henderson. Joly llegó a la conclusión de que las tasas de desintegración de Uranio-plomo habían variado, en base a sus hallazgos de variación, en los radios en rocas de pretendidas eras geológicas pasadas. Este resultado tan negativo fue ocultado. Pero Robert V. Gentry halló también variaciones en los halos, que lo llevó a declarar que las tasas de desintegración no han sido constantes en el tiempo.

Se está transportando uranio al océano procedente de las rocas, a una tasa estimada entre 10.000 a 5.000.000 de toneladas por año.[82] Como resultado, las dataciones están dando edades mucho más antiguas de lo real. El doctor Cook utilizó datos procedentes del análisis de 500 muestras método de la relación isotópica del plomo, y determinó que es un método inútil para utilizarlo como "reloj".[83]

0tros métodos de datación:

Hay medio centenar más de métodos para medir la edad de nuestro planeta. Uno es la dendrocronología del pino Pinus longaeva y Pinus aristata. Crece en California y tiene la característica de ser pinos que nunca mueren. Y el más longevo tiene 4765 años (Se ha querido aumentar la edad uniendo en el método varios árboles, diciendo que se suman por ser de períodos anteriores y que concuerdan. Pero el método sigue siendo muy discutido).

---

[81] "La datación radiométrica en ruinas", por su trabajo en el domo de lava del Monte Santa Helena; *Keith Swenson on* (EE.UU.: Austin, S.A., Febrero 25, 20081); Exceso de Argón en concentrados de minerales de dacita 'fresca' de la lava del domo del volcán del Mt St Helens. Revista *CEN,* (J. Tech, 1996), 10 (3). pp. 335-343.

[82] G. D. Holland y J. L. Kulp, *Geochim. et Cosmochim.* Acta 5, 197, pág. 214, 1945.

[83] Melvin A. Cook, *Prehistory and Earth Models*. (London: Max Parrish and Co. Ltd., 1966), pp. 9,62.

El agua y los vientos erosionan cada año cerca de 25 mil millones de toneladas de tierra y piedra de los continentes, depositándolas en el mar. La profundidad promedio de lodo es menor a los 400 metros.[84] Pero según la teoría evolucionista, la tasa de erosión de los continentes sería tal que se erosionaría al nivel del mar en menos de 14.000 años, y hoy los océanos estarían saturados de lodo cuya profundidad alcanzaría docenas de kilómetros.

Es evidente que si no aceptamos una condición geológica antediluviana como señala la Biblia, donde no existía este nivel de erosión mundial en la corteza terrestre, la condición de la geología moderna no sería tan contradictoria.

Para no extenderme mucho, presento un método más de cronología, basado en la tasa anual de crecimiento humano. Los antropólogos evolucionistas dicen que la Edad de Piedra duró al menos 100,000 años. En ella, la población mundial de hombres de Neanderthal y Cro-magnon se mantuvo más o menos constante, entre uno y diez millones de personas. Durante todo ese tiempo, los hombres enterraron a sus muertos acompañándolos de utensilios diversos Según esto, al menos 4 mil millones de cadáveres deberían haber sido enterrados.[85] Y si la escala cronológica evolucionista estuviera en lo correcto, los huesos enterrados deberían durar bastante más de 100,000 años. Sin embargo, sólo se ha podido encontrar algunos centenares de esqueletos.[86]

Si la duración promedio de una generación es de 40 años (no se refiere a la edad de vida, sino del tiempo que un hombre genera descendencia), y el promedio del crecimiento de la población es de 2% en estos momentos; y si también una familia promedio ha tenido 2.3 niños cada una (esto considerando la mortalidad infantil, las guerras, las plagas, desastres naturales, etc.), entonces tendríamos el sorprendente resultado de que en 4300 años, a partir del diluvio hasta el año 1950, habrían en la tierra alrededor de 5200 millones de personas. Pero si hace un millón de años el Sr. y la Sra. Zinjantrhopus produjeron 2.3 niños, restando aquellos que pudieran haber muerto en cada generación, entonces la población en la tierra llegaría a 10 elevado a $1.^{800}$ de potencia. Para que tenga una idea, el universo conocido llega a $10.^{50}$ potencia.[87] ¿Y los antropólogos evolucionistas no lo saben? Seguramente que sí.

LA LLAMADA "PSEUDOCIENCIA DEL DI"
RESPONDE A LA "CIENCIA" DE LA EVOLUCIÓN

La Academia Nacional de Ciencias de EE. UU. (NAS) determinó que "el creacionismo, diseño inteligente y otras afirmaciones de intervención sobrenatural en el origen de la vida o de las especies no son ciencia, porque no se pueden verificar por los

---

[84] W. W., et al, "Mass/age distribution and composition of sediments on the ocean floor and the global rate of subduction", *Journal of Geophysical Research*, 93 núm. B12 (10 de diciembre, 1988) 14,933-14,940.

[85] A. Marshak, "Exploring the mind of Ice Age man", *Nat. Geog.* 147 (enero 1975), pp. 64-89.

[86] J. O. Dritt, "Man's earliest beginnings: discrepancies in the evolutionary timetable", Proc. 2nd Internat. Conf. on Creat., Vol. I, *Creation Science Fellowship*, (1990), pp. 73-78).

[87] Dr. Petersen, *Unlocking Misteries of Creation*, Volumen 1, California, Edit. El Dorado,1990).

métodos de la ciencia". Esto es correcto: Todo lo que no se puede demostrar no es ciencia, sino una creencia, una hipótesis o una teoría que busca las pruebas, y nada más. Pero entonces, el Big Bang y las 19 teorías restantes del cosmos que se contradicen entre sí; y las 5 teorías de la formación de la vida a partir de la materia muerta que nunca se pudo demostrar, ¿por qué a ellas sí se les sigue dando cabida en el ámbito científico, cuando son una vergüenza para la ciencia? ¿Qué está pasando con esta academia científica?

La NAS trató de defenderse diciendo: "El diseño inteligente [...] no es ciencia debido a que no es testeable por los métodos de la ciencia".[88] Esto generó descontento en un buen número de científicos creyentes que había dado grandes aportes a la ciencia. Y llevó a esa academia norteamericana a dar marcha atrás en sus afirmaciones:

"La polémica entre fundamentalistas cristianos protestantes y los defensores de la teoría de la evolución parece cada vez más candente en Estados Unidos, por lo que la *National Academy of Sciences* (NAS) ha mediado con la publicación de un libro de aire conciliador: 'La fe en Dios no es incompatible con los postulados de Darwin, cada día más demostrados, por lo que la controversia es innecesaria".[89]

Las variaciones de las especies están confirmadas por la ciencia y se lo puede verificar fácilmente. Como sabemos, la Biblia ya lo estaba anunciando 3500 años por medio de Moisés, al destacar las variaciones físicas humanas; y nadie, salvo los religiosos fijistas del siglo XIX, lo puso en duda. Sin embargo, lo que aquí dan a entender los teóricos de la NAS, es que es verdad que esas variaciones pueden pasar la barrera del género taxonómico, como propuso Darwin, para poder llegar de los protozoos al hombre. Pero, como veremos, para que esto se cumpla, se requiere nueva información genética que nunca se probó, y la Biblia lo presenta como un desafío. Los científicos agnósticos y ateos se sienten incómodos y se molestan porque un libro religioso los esté desafiando; y a pesar de sus esfuerzos (que es correcto que lo hagan porque así se hace ciencia), no pudieron negar su veracidad.

El problema es, que por desconocimiento, muchos científicos pretenden opinar acerca de la Biblia sin leerla detenidamente, como se espera que lo haga todo investigador. El mismo error sostuvieron los creacionistas fijistas en sus disputas con Darwin, que, como teólogo, conocía la Biblia mejor que ellos, y sabía que todas las variaciones humanas partieron de una sola pareja edénica. Además, conocía los experimentos de Jacob para cambiar el color del pelaje de sus ovejas a través de la herencia. Pero una parte de esos testarudos religiosos nunca abandonó la posición fijista, sosteniendo que cada ser es creación directa de Dios, y no del cumplimiento de las leyes de la herencia que él estableció.

Por no tomar en cuenta este error, mayormente los evolucionistas tratan de defenderse de los del DI, perdiendo tiempo valioso y gran espacio en sus escritos que resulta ser inútil. Por ejemplo, que los problemas que existen en la vida terrestre, se debe a que el Creador no es un buen diseñador, por eso no hizo bien las cosas. Pero, ¿en qué lugar de la Biblia dice que los problemas de la vida, existen por culpa divina y no por causa del hombre? ¿Y a quién están acusando hoy los estadistas y los ecólogos, sean creyentes, agnóstico o ateos, por la situación actual de la vida terrestre? ¿No es al hombre?

---

[88] *National Academy of Science*, 1999, p. 25.

[89] Citado en el libro "*Science, Evolution and Creationism*", en: https://www.tendencias21.net/La-polemica-sobre-evolucion-y-diseno-inteligente-es-innecesaria_a2002.html.

El segundo error fue obtener información creacionista y del DI, por medio de creyentes que saben poco de ciencia, e incluso de la misma Biblia que dicen apoyar. En un trabajo serio, los hubiera llevado a obtener información de los creyentes que son científicos de alta credibilidad académica. Hubiera sido fácil, pues la lista de científicos que son creyentes es muy larga, incluyendo un buen número de premios Nobel. Aunque también es posible que algunos evolucionistas crean que estos científicos son premios Nobel de una nueva rama científica llamada: "La pseudociencia del DI".

Sintiéndose incómodos porque desde la década de los 80 se van sumando las quejas contra la teoría de la evolución, ahora los evolucionistas argumentan que no se trata de cualquier teoría, sino de una "teoría científica". Sí, es verdad, pues es sostenida por científicos. Pero sigue siendo "teoría", y les molesta. ¿Por qué? Porque después de un siglo y medio no ha sido elevada a un escalón superior, sino al contrario, a un espacio de discusión científica. Pero los teóricos evolucionistas siguen repitiendo muy seguros: "Ningún científico competente pone en duda la teoría de la evolución biológica". "Todos coinciden en que la evolución biológica es un hecho comprobado". Bien, examinémosla, pues así se hace ciencia. Pero, para que nos entendamos, primero veamos qué dice la verdadera posición creacionista que defienden los científicos del Geoscience Research Institute:

1° Aunque la mayor parte de los científicos del DI creen en la Biblia en ninguna parte de ella dice que la Tierra vacía y el universo fueron creados hace 6000 años, sino mucho antes de la semana de la creación de la vida sobre la tierra (Génesis 1:1,2). Ella dice que el planeta Tierra vacío, fue creado "junto" con el universo (Isaías 48:13; 45:12).[90] Y el sol y las estrellas no fueron creados (hebreo *bará*) en el cuarto día, sino *asáh*, que significa trabajar con materia ya existente (Génesis 1:16; Éxodo 20:11).

Simplemente Dios disipó totalmente la "faja oscura" de nubes que cubría la tierra (Génesis 1:2; Job 38:9), y se vieron las "lumbreras" por primera vez desde nuestro planeta. La luz de las estrellas vistas en los radiotelescopios, alumbraron en los días de Adán y Eva, teniendo de 4,3 años luz de distancia (Alfa Centauri) a por lo menos 13.400 millones de años luz para que llegase al planeta. Por eso, antes de la semana de la creación, ya había mundos habitados por hijos de Dios (es decir, parientes nuestros: Efesios 3:15; Hebreos 12:23) que vinieron a ver la creación desde el primer día (Job 38:7).

Si nuestro planeta y nuestro sistema solar hubieran sido creados después del resto del universo, el ajustado equilibrio mantenido por la gravitación universal, hubiera transformado todo en un caos que todavía se lo experimentaría. Este es el gran problema que no ha resuelto la teoría del Big Bang, pretendiendo que el ajustado universo haya sido formado por una expansión aleatoria y explosiva. Esto obligó a los teóricos a inventar la teoría del Multiverso, para que entre millones de posibilidades creativas, las probabilidades de nuestro universo pudieran ser más racionales. Pero el problema llegó a ser mayor, al no poder probar de alguna manera que hay otros universos. En realidad, todos sabemos que es muy fácil inventar. El problema es probarlo.

---

[90] La expansión "cielos" o atmósfera terrestre, no fue formada junto con lo que leemos en Génesis 1:1 e Isaías 48:13 y 45;1°2, sino después (Gén. 1:6-8). Por lo tanto, Génesis 1:1 nos habla de la creación de todo el universo.

Por eso S. Hawking y otros astrofísicos abandonaron las teorías del inicio del Big Bang (¿vamos entendiendo qué es "teoría científica"?), y propusieron un universo sin principio por gravitación cuántica en expansión. Pero el problema se hizo más grande, porque un universo eterno en expansión terminaría con todo el hidrógeno, y hoy no habría sistemas solares sino astros aislados en una gélida oscuridad. En consecuencia, los creacionistas siguen con su teoría creativa, y los cosmólogos evolucionistas están más confundidos que antes.

2° A pesar de la luz solar, la ley de la entropía sigue obrando en la naturaleza terrestre. Por eso esa ley existe. Por lo tanto, la vida en nuestro bio-sistema no puede subsistir bajo el dominio del azar por millones de años, pues a pesar de lo que creen los ecologistas evolucionistas, la ecología lo rechaza abiertamente. Por lo tanto, fue necesario una aparición bio-ecológica rápida y completa de la vida terrestre, pues para alimentarse y vivir, todo ser depende de la vida de otro, sea del reino animal o vegetal. Y las plantas, que no poseen medios de transporte, se alimentan mediante el complejo sistema de la fotosíntesis.

Debido al aumento del hambre que existe en varios lugares de la tierra, se ha buscado la clave química del sistema, pero el hombre no ha podido. Como los vegetales no tienen entendimiento, la pregunta no se hizo esperar: ¿Qué o quién grabó eso en el genoma de ellos? Negar que aquí hay inteligencia con altísimo conocimiento en bioquímica y sabiduría en el diseño, es negar la realidad. Algunos evolucionistas tratan de explicarlo acercándose a la filosofía panteísta, pero saben que no es ciencia. ¿Entonces?

3° ¿Fue una creación terrestre defectuosa o un diseño inteligente? "Y vio Dios todo lo que había hecho, y he aquí que era bueno en gran manera" (Génesis 1:31). "He aquí, solamente esto he hallado: que Dios hizo al hombre recto, pero ellos buscaron muchas perversiones" (Eclesiastés 7:29). Entre las primeras manifestaciones del pecado, que malograría la perfecta creación de Dios, fue que la mujer iba a parir con dolores. Adán y su descendencia tendría dificultades para obtener los frutos de la tierra, y en muchas plantas aparecerían espinas como una de las primeras manifestaciones de mutación biológica, que es 99% degenerativa (Gén. 3:17,18). Además, Adán y Eva y sus descendientes, tuvieron que añadir en su alimentación el consumo de verduras, que Dios había reservado como alimento para todos los animales, pues antes que el hombre los maltratara y les enseñara a matar para comer, nadie había matado para vivir (Gén. 1:30).[91]

---

[91] Lógicamente, al tener Dios la facultad de la "presciencia" (1 Pedro 1:2), creó todo previendo las necesidades de un biosistema degradado por el hombre. Por ejemplo, garras y colmillos en los felinos, no sólo para trepar árboles, sino también para la futura lucha para sobrevivir comiendo carne de otros animales. O también anticuerpos y excelentes medios de defensa en un mundo hostil y altamente contaminado, que no fue necesario en el Edén. En lugar de hacer una nueva creación, manteniendo el libre albedrío (pues es indispensable para que exista el amor mutuo), Dios permitió que el mal diera sus frutos, para que a los otros mundos habitados que no desobedecieron las leyes divinas (Efesios 3:15; Hebreos 12:23), les sirviera de lección. Por eso Dios dijo: "No os engañéis; Dios no puede ser burlado: pues todo lo que el hombre sembrare, eso también segará" (Gálatas 6:7). Por supuesto, el plan divino es tan perfecto, que a pesar de mantener eternamente el libre albedrío con sus peligros, Dios asegura que en el universo no se levantará la maldad por segunda vez (Nahún 1:9). Ni acá tampoco (Apocalipsis 21,22).

Por supuesto, como los evolucionistas no toman esto en cuenta (porque no se dignan a leer la Biblia por prejuicio), dicen encontrar diseños divinos errados en la vida terrestre. Especialmente en el hombre. Por ejemplo, Eustoquio Molina trata de ubicarse en el lugar de Dios para asegurar que él hubiera hecho el tubo digestivo completamente separado de las vías respiratorias. Uno con entrada en la boca y el otro por la nariz. De esta manera nunca habría problemas al tragar los alimentos mientras seguimos respirando. Pero, me gustaría ver a Molina respirar sólo por la nariz después de correr un buen rato, para librarse de un grupo de malevos en la supervivencia del más fuerte. O también tratar de hablar y cantar sin el aire de sus pulmones, pues pasaría por otra vía.

Me parece extraño que en su afán por mejorar lo creado, todavía los evolucionistas no critiquen al Creador porque no tengamos un lugar en el cuerpo, que nos sirva de bolsillo para poder tener las manos libres. Especialmente ahora para los celulares. Pero, seguramente Dios ya sabía (1 Pedro 1:2) que desde la entrada del pecado perderíamos la inocencia, y nos cubriríamos con ropas con todos los bolsillos que se no ocurriera. En fin, cada cual puede pensar lo que quiera, sin necesidad de culpar a Dios o a sus padres por lo que no tiene.

También tratan de ridiculizar a los del DI, diciendo que los animales que solo tienen órganos simples con fotosensibilidad difusa para ver, en lugar de la calidad de nuestra vista, probaría que en esos casos, él Diseñador recién habría estado aprendiendo a crear. Pero se entiende que en la gran diversidad del bio-sistema, nunca se podrá tener características iguales a la vez y todas completas. Por ejemplo, un pingüino se siente a gusto moviéndose con agilidad en el agua, para luego reposar, parir y criar hijos solo en la orilla de un continente. Esa es su vida, y se siente cómodo. Lo mismo ocurre con las focas y los leones marinos, que se mantienen cómodos por más de 40 millones de años evolucionistas. Por eso viven así todo ese largo tiempo, sin las patas articuladas y especializadas de un felino. Y tampoco el felino está mal diseñado porque no está capacitado para nadar como ellos.

En algunos casos, como los avestruces, casuarios, kiwis y kakapo, tienen alas rudimentarias que parecen revelar atrofias, por alguna mutación posterior a su creación. En verdad, la mayoría de los seres vivientes sufrieron la degradación de las mutaciones y la disminución de su tamaño y fortaleza ósea, pues se han encontrado buen número de especies fosilizadas teniendo el doble y hasta el triple de los actuales. Incluso en la Antártida, con pingüinos de cerca de dos metros de altura; arañas de 30 cm y otros animales de zona tropical, hoy bajo hielo.[92]

Campillo y Osman Hill argumentan que el hombre no tiene cuatro patas para poder mantenerse seguro por un tiempo largo, como ocurre con los demás mamíferos. Los niños tardan al menos dos años en dominar a la perfección el arte de caminar, en cambio los chimpancés se desplazan sin dificultad. ¿Error de diseño? No. Pues, debido al gran poder de adaptación corporal, el hombre puede desarrollar la capacidad de permanecer parado la mayor parte del día en su trabajo. Pero fue diseñado especialmente para desarrollar su

---

[92] *Revelan que en la Antártida hubo alguna vez una espesa selva tropical* (publicado en Nature). En: //www.clarin.com/medio_ambiente/Revelan-Antartida-alguna-espesa-tropical_0_748125257.html; *Especies gigantes revelan cómo era la Antártida antes del hielo*. En: http://www.telam.com.ar/notas/201605/147935-antartida-estudios-paleontologia-fosiles-especies.php.

capacidad mental, que es mucho más importante; y enamorarse de una mujer que es bella porque es bípeda y no cuadrúpeda.

Además, para el Creador y todo ser que razona, es muy importante para los bebés humanos la presencia y educación de los padres. No podemos igualar la educación de un chimpancé con un niño, que requiere bastante más de dos años de enseñanza, mientras aprende a caminar e independizarse. Por eso Dios hizo esta sabia diferencia, que muchos evolucionistas parecen olvidar a pesar de ser padres.

Los evolucionistas también emplean un argumento en círculo basándose en la misma teoría que defienden, para poder decir que los mamíferos que regresaron al agua, como las ballenas, delfines y manatíes, deben emerger cada cierto tiempo para llenar sus pulmones. Y preguntan: "¿Por qué no se les diseñó branquias especialmente adaptadas para respirar en el agua?" (Molina).

Pero, ¿cómo saben que un cuadrúpedo fue el antecesor de esos mamíferos acuáticos? ¿Pueden presentar las pruebas? No. El cuadrúpedo semiacuático Rodhocentus no pudo transformarse de golpe en un Dorudon, que es un cetáceo perfectamente adaptado para vivir en el agua, y creen que finalmente llegó a ser una ballena. ¿Dónde están las transiciones necesarias para que ese cuadrúpedo se transformara de un salto en un animal marino sin patas delanteras; alargó su cuerpo; perdió sus patas traseras y transformó su cola como el Dorudón para moverse mejor en el agua? No hay intermedios necesarios entre ambos. En realidad los fósiles nos dicen que no hay ninguno. Por lo tanto, esos grandes cambios tendrían que haberse producido antes de la muerte del Rodhocentus, lo que nadie que piensa lo aceptaría. Si los mamíferos acuáticos viven adaptados en el agua y no hacen esfuerzos para vivir en las orillas de los continentes por decenas de millones de años evolucionistas, ¿por qué a los evolucionistas se les ocurre asegurar que viven incómodos y molestos?

Hay plantas cuyo polen es estéril y las semillas se desarrollan sin fertilización. Por eso los evolucionistas preguntan: "¿Por qué un diseñador inteligente les habría proporcionado flores inútiles? [y concluyen] Porque el diseñador no es inteligente". ¿Nota el prejuicio de ellos? Creen que Dios "no es inteligente" a menos que obre como ellos piensan. Justamente, esto prueba que no todas las flores tienen la misión de conservar la especie con la ayuda de los insectos. Para el creyente, revela también el propósito de un Creador que ama a sus hijos y se deleita en la belleza.

Según la teoría que ellos sostienen, las abejas vinieron después de la aparición de las angiospermas. Pero no están seguros, pues algunas abejas, como la Melittosphex, fueron encontradas en ámbar en el cretácico inferior. Entonces argumentan: "No está claro exactamente cuándo las abejas decidieron convertirse en vegetarianas, pero considerando la posibilidad de elegir entre comer una mosca o el delicioso y dulce néctar de un cerezo en plena floración, parece ser una buena decisión".[93]

Entonces, ¿cómo hicieron para cambiar sus órganos para producir la miel con el nuevo régimen a base de polen? Para esto se requiere cambios digestivos muy importantes que las abejas nunca podrían realizarlo, pues al no haber asistido a cursos de bioquímica ni

[93] *Un poco de historia de las abejas*. En: https://www.omlet.es/guide/abejas/sobre_

fisiología, no tendrían capacidad para eso; y tampoco fabricar los panales de miel, que son magníficas obras hexagonales de ingeniería.

Aquí entramos en otro gran problema para la teoría de la evolución, y por esa causa un buen número de científicos está abandonando la teoría: Todos los grandes cambios y formaciones muy complejas, que presentan en el árbol genealógico evolucionista, lo explican mediante la alineación en el tiempo de varios seres simples a complejos que se parecen, sin presentar las pruebas de que esas semejanzas construyeron los órganos según la teoría.

De esta manera explican la complejidad del ojo del trilobite en el cámbrico, a partir órganos simples con foto-sensibilidad difusa; pasando por placas celulares, depresiones y vesículas con lentes. Pero los ojos de los trilobites no pueden ser el lento resultado del ojo de otras especies, pues aparecieron de golpe sin historia evolutiva, y son más complejos que los de la mayoría de los animales que aparecieron después, en el árbol genealógico evolucionista (doble problema para resolver). Los trilobites tienen un sistema de visión holocroal compuesta. Su sistema óptico cumple con el principio de Fermat; la ley de seno de Abbé; la ley de refracción de Snell, y con cristales de óptica bi-refrigente. Todo "como si hubieran sido diseñados por un físico".[94] Toda esta colosal obra de ingeniería desde los comienzos de estas vidas evolutivas, ¿fue mediante el azar y la competencia en una acción rápida? ¿Cómo se explica mediante la teoría darwinista, la aparición explosiva en el cámbrico de 25 a 50 complejos filums animales? Richard Dawkins confesó que a pesar de lo que se anuncia, "las especies del cámbrico no tienen ninguna historia evolutiva".[95]

Los evolucionistas nunca explicaron cómo un órgano de una especie menos compleja pudo ser empleado, adaptado y perfeccionado por la misma especie u otra en la cadena evolutiva, sin tener muchas veces manos ni conocimientos para planearlo y realizarlo. ¿Cómo sabían que esos órganos les podía servir para evolucionarlos y hacerlos más complejos? Tampoco explican cómo contrarrestaron el rechazo que se produce, al tratar de introducir un cuerpo extraño para el ADN propio, pues esos órganos habrían pertenecido al genoma de una especie que ellos creen que vivió antes. En los libros y revistas de la teoría darwinista, se trata de explicar con imágenes el aumento de la complejidad de las especies, pero nunca **cómo**. ¿Por qué? Porque la Biblia asegura desde hace 35 siglos que los cambios en las especies no pueden pasar la barrera del género taxonómico sin problemas (Génesis 1:11,12, 21, 24, 25).

Hoy se sabe por qué: El ADN del genoma central de todo ser, es rechazada por los ADN celulares del resto del cuerpo, cuando recibe una información ajena que contradice la que estaba grabada. Una información nueva será eliminada por el organismo, o de lo contrario podrá llegar a causar la muerte del ser. Al llegar a nivel celular del resto del cuerpo, mediante el ácido ribonucleico, las órdenes ya grabadas en el ADN de las células captarán las diferencias, terminando en confusión y rechazo. Por eso hay gran variación y adaptación dentro de las especies (aquí Darwin estaba en lo cierto porque está plenamente probado), pero nunca que pase la barrera del género taxonómico,[96] pues para esto se requiere de nueva

---

[94] *American Scientist*, 5/6, 1988, p. 273.

[95] Richard Dawkins, *The Blind Watchmaker*, (N. York, Norton,1986), p. 229.

[96] En algunos casos particulares ha causado dudas por la reacción de algunas bacterias, pero debido a las diferencias que existen entre taxónomos no se puede saber dónde está el posible error.

información genética. Es decir, de un cambio de todo ADN de cada célula del organismo. ¿Sabe lo que esto significa? En parte, esto lo saben los médicos cuando quieren hacer un transplante de órgano, y tienen que contrarrestar los problemas de rechazo con medicamentos especiales. Esta es la realidad. Y lo es a pesar que un libro religioso lo haya adelantado 35 siglos, y cause molestias a los teóricos evolucionistas, al punto de anularles una de las bases más importantes de su teoría.

Las especies viven gracias a sus organismos correctamente adaptados a su modo de vida. Por ejemplo, tenemos el rotor del flagelo bacteriano presentado por Michael Behe, como evidencia de complejidad irreductible.

a) Los evolucionistas se defendieron con argumentos en círculo, pues trataron de explicarlo con su teoría. Es decir, valiéndose de otras especies posiblemente más primitivas. Pero nunca explicaron cómo el flagelo podía valerse de ellas, para seguir viviendo sin su rotor y sin su cola mientras se iba transformando. ¿Y cómo pudieron transformar la cola del rotor en un tubo sin manos, sino mediante nuevas órdenes de un nuevo ADN? Miller quiso rebatir el argumento de Behe, argumentando que observó un sistema de secreción de Tipo III (TTSS), el cual se vale de aproximadamente 1/4 de los genes involucrados en el flagelo, y puede ser utilizado por bacterias predadoras para inocular toxinas dentro de células Eucariotas. Pero los mismos evolucionistas se contradicen, pues otros sostienen que el TTSS evolucionó a partir del flagelo, y no a la inversa. Además, para este cambio de ADN, el flagelo no hubiera podido continuar viviendo por la confusión y el rechazo de órdenes en el genoma.

   La hipótesis de la "coopción" necesita inteligencia para que un organismo sepa de antemano qué mecanismo puede ser útil para lo que busca, a fin de sustituir lo que se perdió. El flagelo no ve como un bioquímico, no piensa ni sabe de biología para formar compuestos químicos que se ordenen inteligentemente, hasta formar el mecanismo que sustituyera su rotor por un tubo para inyectar veneno como la Yersinia pestis. Tampoco sabe cómo crear un veneno que le sea útil para matar y luego alimentarse. Ni siquiera puede crear esa idea. Y si supiera hacerlo, con el tiempo moriría él y toda su descendencia antes de lograrlo, pues debemos recordar que la hipótesis de J. Lamarck de la herencia de los caracteres adquiridos ya ha sido refutada. Entonces, sorprende que todavía haya hombres de ciencia que crean estas cosas.

b) Estamos de acuerdo que no toda complejidad es irreductible. Pero en el fallo de Kitzmiller, el Juez Jones argumentó que el diseño inteligente no podía ser teoría científica, porque era promovida por científicos que son religiosos. Pero los mismos ateos enseñan en los colegios y universidades estatales, principios y leyes descubiertas por científicos religiosos, como de los premios Nobel: Brian Josephson, Antony Hewish, Richard Smalley, William D. Phillips, Walter Kohn, Alexander Fleming, George Wells, Beadle F. Crick, John Eccles, Chistian Anfinsen, Werner Arber, Joseph Murray y John Gurdon, sólo por mencionar algunos. Y lo que llama la atención, es que Stephen Hawking, Richard Dawkins y otros ateos, tuvieron y siguen teniendo libertad en las mismas instituciones estatales, para declarar abiertamente que su objetivo es eliminar la idea de la existencia de Dios. Es decir, que se trata de pre-conceptos sin demostración con fines filosóficos, no científicos, pues la ciencia no puede probar ni desaprobar la existencia de Dios. Esta forma de actuar en las instituciones estatales es grave para la ciencia.

Desde la primeras manifestaciones evolucionistas se obró contra leyes naturales, como la segunda ley de la termodinámica en su segundo principio: **La entropía**. Esta ley se cumple en dirección opuesta a la teoría. Y a esto se suma que cuanto más tiempo transcurra sin una inteligencia benefactora, esta ley es proporcionalmente más eficaz. Los evolucionistas sostienen que esto se cumple en un sistema cerrado, y que los rayos solares lo abren. Pero, como adelanté, esta ley existe a pesar de la existencia del sol. ¿Por qué existe esta ley? ¿Y por qué para ellos tiene que tener más valor su teoría que esta ley? Porque los rayos solares no son suficientes para poder anular la entropía. Así de sencillo.

Pero los evolucionistas no se quedaron quietos. Por eso se les ocurrió crear la hipótesis de un sistema en el organismo y en toda la bio-diversidad, que anule la entropía (nunca lo probaron, pero si no se puede se inventa otra cosa). El premio Nobel Szent Giorgi cree que en la naturaleza tiene que existir el principio de Sintropía, como una fuerza inteligente inexplicable que opera contra la desorganización y la entropía. Esto se asemeja al "demonio de Maxwell", como una fuerza "antinatural" que opera contra la segunda ley de la termodinámica.[97]

Ya vimos como desde la época de C. Darwin hasta hoy un buen número de destacados evolucionistas sostienen que la naturaleza posee la facultad de adelantarse a los hechos por millones de años, y preparar lo que se necesita para la vida. Llama la atención, pues son facultades que se atribuyen a la Divinidad. Y si no se la acepta, se cae en la otra opción: La filosofía religiosa del panteísmo. No queda otra alternativa.

Ellos también siguen manteniendo la teoría fraudulenta de la recapitulación de Haeckel, que llegó a ser una vergüenza para los teóricos de la evolución. Y a pesar de este hecho, todavía comparan los fetos animales y diferentes etapas de sus vidas con el del humano. Pero en cada uno de los 180 órganos vestigiales presentados, se descubrió después qué funciones cumplen en el desarrollo embrionario y en los primeros años de vida. Como ejemplo, Molina se detiene para destacar la famosa "cola vestigial" evolucionista, que sabemos que es la parte terminal inferior de la columna, con el nombre de hueso Sacro. En él se insertan los músculos Ilíaco, Piramidal en la cara anterior, Isquiococcígeo en los tramos laterales; dorsal ancho, longisimo, iliocostal, tranverso espinoso y glúteo mayor en la cara posterior, que son indispensables para mantenernos parados y otros movimientos esenciales. Pero ellos sostienen que en el feto se lo ve como si fuera una cola. Por eso es realmente sorprendente la falta de información que presentan aquí algunos teóricos evolucionistas.

Otro argumento de ellos, es que la presencia de los mismos sistemas en la mayor parte de los seres vivientes, prueban que pertenecen a un mismo origen. Es decir, que todos tienen un origen común, o que Dios tendría poca capacidad inventiva. Pero un ingeniero que inventa

[97] Orlando R. Ritter, *Construindo uma visão criacionista do mundo, Folha Criacionista,* (Brasilia: Sociedade Criscionista Brasileira, 1972), p. 14.

algo que resulta ser óptimo, lo usará para toda otra cosa que cumpla la misma función. ¿Por qué emplear otro mecanismo que no sea tan perfecto? Sin embargo, la inmensa variedad de mecanismos en la naturaleza, que ha servido de orientación e inspiración al hombre de ciencia, no se puede ocultar. Por eso llama la atención que se ponga en duda el ingenio y esa inmensa capacidad creadora que vemos en la vida del planeta.

El reconocido bioquímico Michael J. Behe, en su famoso libro: *La caja negra de Darwin,* escribió: "Nunca ha habido una reunión [o estudio entre científicos], ni existe un libro o un artículo sobre los detalles de la evolución de los sistemas bioquímicos complejos".[98] "En ningún ejemplo hay una ruta detallada por la cual un sistema bioquímico complejo pueda haber surgido de manera Darwinista".[99] Es que sería ridículo creer que las sustancias posean la facultad de saber qué combinaciones químicas aceptar para poder evolucionar.

Conclusiones de científicos:

John Ankerberg y John Widon, preguntan: "Si el creacionismo científico es realmente una religión enmascarada como una ciencia (pseudo-ciencia) y la teoría de la evolución es una ciencia verdadera, ¿por qué es que, literalmente, miles de científicos de primera clase en el mundo entero, han abandonado la evolución como teoría científica y se han convertido en creacionistas científicos?"[100]

M. J. Behe corrige el argumento evolucionista materialista, diciendo: "La inferencia del diseño se puede sostener con toda la firmeza que es posible en este mundo, aun sin saber nada sobre el diseñador".[101] Simplemente es el resultado de una mente libre de prejuicios que, ante una muestra que revela claramente un diseño inteligente, concluye que es la obra de una inteligencia X. Más allá de esto la ciencia no puede ni le corresponde teorizar.

El físico H. S. Lipson concluye: "Me parece que deberíamos ir más allá y admitir que la única explicación aceptable es la creación. Sé que eso es anatema para los físicos, como desde luego lo es para mí mismo, pero no debemos rechazar una teoría que no nos gusta si la evidencia experimental la apoya".[102]

LA TEORÍA DE LA EVOLUCIÓN EN SERIAS DIFICULTADES

Desde Aristóteles se han presentado cinco teorías que tratan de dar una explicación razonable de la existencia. A principios del siglo XIX, Jean-Baptiste Lamarck postuló su teoría de la transmutación de las especies, que fue la primera teoría de la evolución, ya

---

[98] Michael J. Behe, *La caja negra de Darwin*, (Barcelona: Editorial Andres Bello, 1999), p. 224.

[99] Ibíd, p. 227.

[100] John Ankerberg y John Weldon, *Los hechos acerca de la creación versus evolución*, (Miami, Fl. USA: Harvest House Publishers, 1995), p. 44.

[101] Behe, p.245.

[102] H. S. Lipson, «A Physicist Looks at Evolution», *Physics Bulletin*, vol. 31, 1980, citado en The Quote Book (Australia: Creation Science Foundation, 1984), pág. 5.

anunciada por los chinos, griegos y romanos, con cierta metodología científica. En 1858, Charles Darwin y Alfred Russel Wallace publicaron su teoría, que fue explicada en detalle en la obra de Darwin *El origen de las especies* (1859). Y hoy Darwin es considerado para muchos el padre de la teoría de la evolución.

Muchos evolucionistas todavía sostienen que en total ausencia de una inteligencia, y en forma totalmente aleatoria, lo inerte pasó a lo vivo (abiogénesis) y de lo simple a lo complejo, dentro de un período de tiempo muy largo (3.500 millones de años), hasta llegar a nosotros gracias a la selección natural y la adaptación. Posteriormente, debido a los problemas para poder explicar variaciones que pasaran la barrera del género taxonómico, surgió un nuevo movimiento evolucionista que se le denominó "postdarwinismo", añadiendo a la lucha por la supervivencia la selección natural, la adaptación y la herencia de los caracteres adquiridos de Lamarck, también el mutacionismo de De Vries y un impulso poblacional innato hacia el aumento de la complejidad.

En junio de 2005, las academias de Ciencias, Ingeniería y Medicina (EE.UU.) lanzaron un sitio Web donde se dice que la Teoría de la Evolución o Teoría Sintética, no es una teoría más, sino la teoría más sustentada que actualmente existe sobre el origen de los seres vivientes, y muchos investigadores sostienen que esta teoría ya es un hecho probado. Sin embargo, desde la década de los 80 otros científicos creen todo lo contrario. De hecho las decisiones de la misma Academia de Ciencias de EE.UU. no fueron plenamente aceptadas. Y hoy, como vimos, se conoce un manifiesto de científicos, entre ellos con premios Nobel, que piden una revisión de la teoría, tan discutida desde la década de los 80.[103]

La abiogénesis:

El biólogo Richard Dawkins aseguró que "la vida fue resuelta por la contribución de Darwin".[104] Pero después, en un debate en la Universidad de Oxford, aseguró que los principios para la vida terrestre se iniciaron mucho antes, con el átomo.[105] ¿Entonces surgió por selección natural? ¿Contra qué o quién tuvieron que luchar para eso las partículas sub-atómicas, y después en un caldo prebiótico? Este biólogo aseguró: "Invocar a un diseñador sobrenatural es explicar precisamente nada, porque deja sin explicar el origen del diseñador".[106] Es evidente que cuando lo dijo, no pensó que si ese diseñador fuera la energía eterna, según vemos en la primera ley de la termodinámica, no podría venir de otra energía eterna anterior, pues llegaría a ser una verdadera contradicción.

Pero más tarde Dawkins se rectificó diciendo: "¿Cómo comenzó la vida? Nadie sabe cómo comenzó [...]. Ya se lo dije, no lo sé". "Se puede encontrar una seña de algún tipo de diseñador [...]. Y ese diseñador bien podría ser una inteligencia superior de algún lugar del

---

[103] "Una disensión científica del darwinismo" en *Discovey Institute*: A Scientific Dissent From Darwinism, http://www.discovery.org/scripts/viewDB/filesDB-download.php?command=download&id=660.

[104] *Debate entre el biólogo Richard Dawkins y el cardenal George Pell.* https://www.toutube.com/watch?v=vj4faIKEw4. Visto el 21-6-2015.

[105] *Debate Richard Dawkins vs Arzobispo de Canterbury*, 1/6, https://www.youtube.com/watch?v=9TP0ErKICzs.

[106] Richard Dawkins, *The Blind wachmaker*, (New York: W.W. Norton & Company, 1986), p. 141.

universo. Esa inteligencia superior tendría que haber surgido por sí misma... pero no espontánea".[107] Por eso ya se reconoce que "la vida es un milagro".[108]

Pero Junk aseguró que en el ADN la mayor parte está compuesto de basura inútil porque no fabrica proteínas; y esto probaría que es el fruto del azar. Pero hoy se sabe que tienen la misión de controlar las funciones que se regulan y producen. Bill Gates dijo: "El ADN es como un programa de computadora pero mucho, mucho más avanzado que cualquier software jamás creado".[109]

"La probabilidad de la formación de la vida a partir de materia inanimada es de uno entre un uno con 40.000 ceros detrás [...] es suficientemente grande como para sepultar a Darwin y a toda la teoría de la evolución [...]. Si el comienzo de la vida no fue al azar tiene que haber sido producto de una inteligencia con propósito".[110]

También se sabe que por la segunda ley de la termodinámica, también llamada "entropía", el ADN no dura más que 10.000 años de generaciones. Esto es otro gran problema para la Teoría Sintética. En 2005, la multinacional IBM trató de fabricar virtualmente las tres dimensiones de proteínas que generan las células, y le costó un año de tiempo. Pero las células vivientes la producen en menos de un segundo. Es indudable que aquí nos encontramos con una inteligencia mayor a la humana y sus máquinas.

Barret y K. Millington declararon: "La prueba de que la teoría de la evolución es cierta, en el sentido riguroso de una verificación o demostración experimental científica, es imposible por varias razones. La razón más importante es que la evolución es un fenómeno histórico".[111] Efectivamente, nada se ve hoy de los procesos de la evolución que pasen la barrera del género. Como si se hubieran detenido desde que el hombre existe.

"La teoría es entonces una teoría histórica acerca de eventos únicos, y eventos únicos no pertenecen, por definición, al ramo de la ciencia, porque no se repiten y por lo tanto no se pueden verificar por medio de experimentos". Y en cuanto al origen de la vida en forma aleatoria y en un caldo pre-biótico, podemos con justicia llamar a este escenario: "el mito del caldo pre-biotico".[112]

Darwin fue muy inteligente al proponer que la evolución de las especies no se puede verificar, pues dijo que se produce tan lentamente que nadie puede comprobar el proceso. Creyó que de esta manera nadie la podría rebatir. Pero no fue así.

En 1953, Stanley Miller formó aminoácidos en laboratorio. Lo hizo con metano, amonio, hidrógeno, vapor de agua y descargas eléctricas. Creyó que después de 45 años de labor había tenido éxito. Pero pocos años después Jonathan Wells probó que esa mezcla no

---

[107] ———, *La contradicción del Ateísmo,* https://www.youtube.com/Watch?v=x8qXFZEBQ4.

[108] Francis Crick, *Life itself,* 1981.

[109] *Sorprendente evidencia de Dios-Evidencia científica de Dios.* https://www.youtube.com/watch?v=BnxpibyTkSw&t=400s.

[110] Sir Fred Hoyle, astrónomo, cosmólogo y matemático, Universidad de Cambridge. Véase: *El Universo Inteligente* (Grijalbo, Madrid). El agnóstico Fred Hoyle, que escribió *Evolution from Space* (1981), propuso que tal probabilidad es de 1 en 10 a la -40.000 potencia: Fred Hoyle, *Nature*, vol. 294:105, Noviembre 12, 1981.

[111] Barret, Abramoff, Kumaran y Millington, *Biology*, (Prentice Hall, 1985), p.750. Ver también Colin Patterson, *Evolution,* (London: British Museum of Natural History, 1978), pp.145-146

[112] Charles Thaxton, Walter Bradley, Roger Olsen, *The Mystery of Life's Origins: Reasses-sing Current Theories* (New York: Philosophical Library, 1984), p.66.

podía ser, ya que el hidrógeno se hubiera escapado al espacio exterior. Y propuso una mezcla de dióxido de carbono, nitrógeno y vapor de agua, pero no se logró formar ningún aminoácido. Hasta hoy no hay un solo caso positivo. Se pinchó células vivas dentro de un líquido apropiado para la vida, y se esperó que todo lo que salió y se desparramó formara nuevamente alguna célula viva, pero fue inútil. Nunca se pudo formar aminoácidos complejos ni la vida, ni siquiera por medio de una acción inteligente. Stephen Hawking tuvo que declarar: "No sabemos cómo surgió la vida por primera vez".[113]

Un grupo de evolucionistas propuso una teoría de cómo las moléculas de ARN evolucionaron para crear las proteínas y el ADN. Pero científicos del Instituto de Investigación Scripps (TSRI), ponen en duda la hipótesis del "mundo del ARN", pues Ramanarayanan Krishnamurthy dijo que las nuevas investigaciones ofrecen evidencia de un mundo donde el ARN y el ADN se desarrollaron simultáneamente.[114] Recordemos que el ADN viene con grabación propia, y resulta ser un gran problema para la Teoría Sintética.

Francis Crick, C. Wickramasinghe, M. Wallis y Fred Hoyle, lo dijeron con claridad: "La vida no pudo haber tenido un origen aleatorio [...] El problema es que para las 2000 enzimas comunes en toda vida, en sus 18 posiciones fijas, la probabilidad de obtenerlas todas en un momento dado, es igual a 10 elevado a la potencia de -40.000". Esto es 10 seguidos de 40.000 ceros en contra; que es más de lo que se conoce de todo el universo (10^{50}).[115]

Para formar un microbio de los más simples, Harold Morowitz calculó el siguiente número de pruebas: 10 seguido de 100 millones de ceros en contra.[116]

George Wald, Premio Nobel de la Universidad de Harvard, concluyó: "Basta contemplar la magnitud de esta tarea para concluir que la generación espontánea de los seres vivos es imposible [...] Con todo aquí estamos, creo, como resultado de la generación espontánea [...] Sólo tenemos que esperar: el propio tiempo realiza los milagros".[117]

R. Dawkins mostró tener aún más fe en estos "milagros" que G. Wald, pues dijo que si existimos es prueba de que a pesar de todo se cumplió. Así reveló que su confianza en la teoría es mayor a la fe de cualquier creyente en Dios, pues no se conoce en la historia un creyente que siga creyendo en Dios a pesar de haber tenido tantas posibilidades en su contra. Entonces Hawking finalmente concluyó: "No sabemos cómo surgió la vida por primera vez".[118]

Ante esta situación Francis Crick, James Watson y Fred Hoyle, propusieron la teoría de la "Panspermia", que también sostiene Richard Dawkins, donde la vida llega al mundo de otros planetas o asteroides.[119] Así trasladaron el problema a lugares donde los científicos no

---

[113] *Stephen Hawking habla sobre el universo y ciertas cuestiones*, https://www.youtube,com/watch?v=ygoF_rS50Hc.

[114] *¿Cómo empezó la vida en el Planeta?,* http://www.ecoticias.com/naturaleza/127448/iquest-Como-empezo-la-vida-en-el-Planeta, 29-9-16.

[115] M. Wallis, "Improbable stuff", *Nature*, Nº 296 (1982); Fred Hoyle and C. Wickrama-singhe, Evolution >From Space, (London: J.M. Dent & Sons, 1981), pp. 148,24,150,30,3; p. 598.

[116] Ariel A. Roth, *Los Orígenes* (Or), (Buenos Aires: ACES, 1999), p. 84.

[117] Francis D. Nichol. *Deus e Evolucâo*, (S. Pablo: C.P.B., 1974), pp. 50,51.

[118] Idem.

[119] Ben Stein, *Periodista judío entrevista a ateo R. Dawkins*. https://www.youtube.com/watch?v=Wz0Xkz8j34Q. (17-8-17).

pueden comprobarlo. En resumen, Michael (como Wald) dijo que el origen de la vida nos acerca a "un milagro".[120] Y así salimos de los límites de la ciencia, pues el milagro es un estudio que pertenece a la religión.

El Premio Nobel F. Crick fue muy duro contra la teoría, cuando dijo que la generación espontánea no es una ciencia, sino más bien una "ciencia ficción".[121] Y para el premio Nobel George Wald es el "mito" sobre la razón, pero una "necesidad filosófica" del hombre de ciencia que quiere oponerse a la creación sobrenatural".[122] Es claro, pues, que muchos de los teóricos de la evolución natural, sostienen sus creencias por razones personales más que científicas.

Lo que es más serio en ciencia, es que con un comportamiento semejante a la de los religiosos de la Edad Media ante Galileo Galilei, ahora se haya formado una corporación científica en EE.UU., que impide publicaciones científicas de los descubrimientos presentados por colegas que sostienen el Diseño Inteligente.[123] Creen que si el mecanismo de una vida muestra inteligencia, no puede ser por una inteligencia, sino por la casualidad (¡!).

La evolución de la vida:

Ahora supongamos que a pesar de lo que nos dice la razón, la vida se formó por azar. Entonces lo simple pasó a lo complejo sin intervención inteligente y en un proceso finamente graduado, formando nuevas especies y géneros mediante la competencia y la adaptación. Luego los neo-darwinistas agregaron las mutaciones y un impulso a la complejidad.

Como a pesar de que la Biblia revela que todas las razas humanas se formaron por variación a partir de una sola pareja; y sorprendentemente los religiosos del siglo XIX lo negaban, Charles Darwin pudo probar científicamente que la variación en las especies es un hecho innegable. Pero, además de esta micro-evolución, el teólogo naturalista llegó a sostener también una macro-evolución. Es decir, la formación, mediante la selección natural, de nuevos "géneros", negados claramente por la Biblia (Gén. 1:11, 21, 24, 25). Así fue como este teólogo se levantó también contra la ciencia, hasta que en un momento tuvo que reconocerlo:

"La geología ciertamente no revela ningún cambio orgánico tan finamente gradual, y esta es quizás la más obvia y seria objeción que puede presentarse contra la teoría."[124] Y confundido por la realidad escribió esta carta a un amigo suyo, escrita en 1863:

"Cuando entramos en los detalles no podemos probar que una sola especie ha cambiado, además no podemos probar que los supuestos cambios dan beneficios, lo que estaría en la base de la teoría. No podemos siquiera explicar por qué algunas especies

---

[120] Michael Denton, *Evolution: A Theory in Crisis*, (Warwickshire, Burnett Books Limited, 1985).

[121] Francis Crick, *L'origine della vita*, (Milano: 1983), p. 85.

[122] Charles Darwin, *The Origin of Species*, (1859, Capítulo11, "On the imperfection of the geologic record".

[123] *El ADN es prueba de la creación bíblica – Apologeticience*, https://www.youtube.com/watch?v=JTFzk7RpiJg.

[124] Charles Darwin, *The Origin of Species*, (1859, Capítulo11, "On the imperfection of the geologic record".

cambiaron en otras y otras no".[125] Y J. Wolfgang Smith escribió: "Se nos dice dogmáticamente que la evolución es un hecho establecido, pero nunca se nos dice quién lo estableció ni por qué medios".[126]

"¿Por qué si las especies descienden de otras, en la escala de gradación no vemos innumerables formas transitorias?".[127] Porque las capas sedimentarias de la columna geológica evolucionista es teórica, pues en la realidad, sólo 1% llega a 10 períodos. El paleontólogo inglés Derek Ager, escribió:

"Simplemente nos estamos engañando a nosotros mismos, si creemos que en algún lugar, hay algo parecido a una sucesión completa de algún segmento de la columna estratigráfica."[128]

En 2/3 partes de la tierra sólo hay 5 períodos. Y en el orden correcto (aunque incompleto), según la teoría, se encuentra apenas un 15%. En la mayoría de los casos, los fósiles fueron enterrados rápidamente y dejándolos sin oxígeno mediante gruesas capas de lodo, depositado por acción violenta de las aguas, permitiendo la fosilización con detalles sorprendentes, incluyendo las partes blandas. Esto prueba que hubo una gran inundación catastrófica, como menciona la Biblia; y que es común en la mayoría de las investigaciones geológicas en los cinco continentes. Esta es la realidad de los hechos.

La columna geológica fue formada y mantenida en razonamiento en círculo: Para saber la edad de un fósil, el teórico evolucionista ve en qué estrato se encuentra. Para saber la edad del estrato, el científico ve los tipos de fósiles que contiene. Por eso Stephen J. Gould confesó: "Hemos ordenado los hallazgos basados según nuestros deseos, pero este orden no puede ser hallado en el mundo real".[129]

Cuando la datación no corresponde a la fecha esperada por la teoría, el Dr. Evzen Neustupny dice que le llaman "muestra contaminada". Y se repite el proceso (que nunca da igual) hasta que dé la datación esperada.[130]

El problema de los geólogos evolucionistas, es que no saben cómo explicar el hallazgo de fósiles en el orden estratigráfico incorrecto, en zonas donde no muestra una antigua acción tectónica. Tampoco la presencia de fósiles poliestratos. Un ejemplo típico son los troncos de grandes árboles que atraviesan varios estratos y que dan millones de años, sin que se vea la acción erosiva del tiempo en ellos.[131] Tampoco pueden explicar racionalmente la interrupción en la deposición de secuencias sedimentarias, o también discordancias que

---

[125] Frances Darwin, *The life and letters of Charles Darwin* (NY Appleton & Co, 1898 Vol.11, p. 210; *Darwin's letter to G. Benham*, (may 22, 1863).

[126] J. Wolfgang Smith, Ph.D. en matemáticas, Universidad de Columbia. Profesor de Matemáticas, Universidad Estatal de Oregón, ex instructor de matemáticas en el Instituto Tecnológico de Massachusetts. Publicaciones en diversas revistas científicas. En *Teilhardism and the New Religion: A Thorough Analysis of The Teachings of Pierre Teilhard de Chardin* (Tan Books & Publishers, Inc., 1988), 248 pág.

[127] Geologic Chart "*What is a Trilobite?*, Black Hills Institute of Geologic Research, 1989).

[128] Derek V. Ager, *Nature of the Stratigraphical Record,* (John Wiley and Sons, 1981), p. 32.

[129] Stephen J. Gould, "The Ediacaran Experiment", *Natural History*, vol. 93, Feb. 1984, p.23.

[130] Evzen Neustupny, *El Libro de las Respuestas*, (Edición Revisada, por Ken Ham, Andrew Snelling y Carl Wieland, publicado por Master Books, 1992).

[131] *National Geographic*, agosto de 1975. P. 245.

ocurre cada vez que se encuentran fósiles en capas en forma alternada y repetida, con vacíos o lagunas en capas intermedias.[132]

Para poder encontrar el estrato Paleozoico en el suroeste de EE.UU., tenemos que trasladarnos al Gran Cañón. Para encontrar el estrato Mesozoico, tenemos que viajar a la parte este de Arizona; y para encontrar el Terciario, nos tenemos que trasladar a Nuevo México. En el Gran Cañón sólo se encontraron el Cámbrico, el Devónico, el Misisipiano, el Pensilvánico y el Pérmico. Es decir 150 millones de años que no están.[133]

En las rocas precámbricas existen unos pocos seres muy simples. Pero en el cámbrico aparecen, como por arte de magia, seres complejos como los trilobites, que tienen un sistema de visión holocroal compuesta, que asombra hasta los mismos evolucionistas. Lógicamente, ni Darwin ni sus seguidores pudieron dar una explicación razonable de esta aparición repentina y compleja.[134] Richard Dawkins confesó: "Las especies del cámbrico no tienen ninguna historia evolutiva".[135]

Y a esto debemos añadir la forma cómo se formó el árbol de la vida de la teoría evolutiva. Los teóricos agruparon las especies por sus semejanzas exteriores, y las ubicaron según el orden que les parecía. Pero con una característica: Todas esas especies estaban perfectamente adaptadas al medio, sin ninguna transición entre ellas. Por ejemplo, junto a un reptil, pusieron el Arqueoptherix (que ahora se sabe que fue un ave como otras que convivieron con los dinosaurios), o también a los pterosaurios, pero ninguna transición entre esas especies, para que se pudiera ver cómo las patas delanteras iban transformándose en alas. Según la teoría, tendría que haber miles de estas transiciones darwinistas, pero ni siquiera se mostraron tres o cuatro (patas 30% alas, 50% alas, 75% alas, etc.), con el fin de comprobar el proceso y así darle valor científico (la ciencia no admite creencias sino pruebas).

La realidad es otra, pues a pesar de ciertas semejanzas con los reptiles, el Arqueoptherix, como otras aves, "tiene dientes no cerrados con bases constrictoras y raíces expandidas como la de otros pájaros del Mesozoico".[136] Además, se encontraron aves 75 millones de años antes que el primer Aequeoptherix, y que son parecidos a los cuervos de hoy, con "características avanzadas de pájaros".[137]

En 2002, Melchor y sus colegas describieron abundantes huellas bien preservadas, con rasgos claramente aviares, en una capa del Triásico tardío de Argentina, en sedimentos correspondientes al menos a 55 millones de años antes del primer esqueleto fósil de ave conocido (según la escala de tiempo evolutivo). "Estas huellas – dicen los autores de este descubrimiento – nos informan de las actividades, en un entorno interpretado como pequeñas lagunas asociadas a arroyos temporales, de un grupo desconocido de terópodos del Triásico tardío con algunos rasgos aviares". Parecería entonces que esas huellas, idénticas a las de las aves modernas, fueron impresas en ciertos lugares mucho antes de que los antepasados de las aves tuvieran siquiera plumas. Una vez más, el registro fósil contradice las expectativas del

---

[132] S.A. Austin, *Impact 137*, (November 1984), p.2.
[133] Walter T. Brown, *In The Beginning* (1989), p.15.
[134] C. Darwin, *The Origin of Species*, (1859, Capítulo 9), p. 172.
[135] Richard Dawkins, *The Blind Watchmaker*, (N. York, Norton,1986), p. 229.
[136] Martin, Steward y Whetstoni, *Rhe Auk*, Vol. 97, 1980, p. 86.
[137] *Nature*, vol.322, 1986, p. 677.

modelo evolutivo.[138] El artículo describe huellas aviares de aspecto moderno y perfectamente formadas, similares a las que podemos observar en las playas en la actualidad.

Por ejemplo, hace poco encontraron en la Antártida un ave voladora con largas patas y pico de pato. Le llamaron "Conflicto antarcticus", porque tendría unos 65 millones, en plena época de los dinosaurios y anterior al Arqueaphterix.[139]

También afirman que el cuadrúpedo semiacuático Rodhocentus se transformó en un Dorudon, que es un cetáceo perfectamente adaptado para vivir en el agua, y finalmente llegó a ser una ballena. Pero, ¿dónde están las transiciones necesarias para que ese cuadrúpedo se transformara de un salto en un animal marino sin patas delanteras; alargó su cuerpo; perdió sus patas traseras y transformó su cola como el Dorudón para moverse mejor en el agua? No hay transiciones necesarias. Por lo tanto, esos grandes cambios tendrían que haberse producido antes de la muerte del Rodhocentus, lo que nadie aceptaría. ¿Entonces?

Lo mismo sucede con todas las demás transiciones. Siempre presentan especies ya adaptadas al medio. Y es de esperar, pues ¿se puede imaginar un reptil con las patas delanteras a la mitad del proceso de cambio para ser un pterosaurio o un ave, sin poder correr ni defenderse bien? La misma teoría terminaría con su vida por medio de la selección natural, y no habría descendencia alada.[140] Sólo encontraríamos sus restos fosilizados. Pero en la realidad **estas transiciones tampoco existen**.

Para la formación de los anfibios propusieron al pez Tiktaalik, donde sus aletas con carpo y falages se transformaron de golpe en las patas articuladas del Acanthostega o el Iohthyostega (caso muy parecido al pez Celacanto, que erróneamente también se creyó que era un anfibio). Por medio de dibujos, todo se lo describe en forma muy convincente, pero en realidad el Dr. Vialleton dijo que requiere de la creación de articulaciones con nuevos tendones, músculos, circulación sanguínea con válvulas internas, nervios, etc., que en forma aleatoria (mejor dicho un "azar demasiado inteligente) pudiera hacerlo, antes que por la inmovilidad por esa transición, fuera muerto en lucha por la supervivencia. También podemos mencionar el cambio de mamíferos terrestres en marinos, con el Ambulocetus y sus aletas al cetáceo Basilosauros. Todo lo hacen tan fácil como cuentos para niños y en nombre de la ciencia.

D. S. Woodroff confesó: "Los registros fallan en inducir un solo ejemplo de transición significativa".[141] Y el paleontólogo evolucionista Niles Eldridge, dice: "Si la vida hubiera evolucionado hasta su maravillosa profusión poco a poco, entonces uno esperaría encontrar fósiles de criaturas transicionales que fueran un poco lo que eran antes y un poco lo que fueron después. Pero nadie ha encontrado aún evidencia alguna de tales criaturas transicionales".[142]

---

[138] R. Melchor De Valais & J. Genise,. "Bird-like fossil footprints from the Late Triassic". *Nature* 417, 936-938, 2002.

[139] https://www.infobae.com/salud/ciencia/2019/01/31/hallan-el-esqueleto-de-una-nueva-especie-de-ave-que-vivio-en-la-antartida/.

[140] Ver Michael Denton, *Evolution: A Theory in Crisis*, (Warwickshire, Burnett Books Limited, 1985).

[141] *Nature*, vol. 322, 1986, p. 677,678.

[142] Niles Eldridge, Antiguo Paleontólogo del Museo Americano de Historia Natural, *The Guardian Weekly*, (26 Noviembre 1978), vol. 119, no. 22, p. 1.

Los teóricos presentaron varios árboles genealógicos, como es el caso de la jirafa, hasta que se dieron cuenta que el alargamiento del cuello no se puede cumplir, como decían. Necesitaban crear órganos con un sistema especial de circulación y mayor poder muscular del corazón, para poder bajar y subir su cabeza sin problemas. Pero no hay transiciones, por lo tanto las jirafas lo habrían hecho de golpe.

Al caballo lo hicieron partir del pequeño eohippus hace 55 millones de años, y lo hicieron cruzar y volver a cruzar continentes, hasta que se encontraron con los huesos fósiles del Equus nevadensis y occidentalis, un caballo gigante casi en la misma capa geológica del eohippus cuando pensaban que iniciaba su carrera evolutiva.[143] A pesar de esta realidad, todavía siguen presentando su árbol genealógico.

Por unos cuantos años los teóricos negaron que los dinosaurios y los mamíferos existieran juntos, a pesar que desde 1926, en Mongolia, el paleontólogo W. D. Mattew ya los había presentado.[144] Científicos británicos y estadounidenses probaron que existieron mamíferos mucho antes de que concluyera la era de los dinosaurios hace alrededor de 66 millones de años. "La visión tradicional es que los mamíferos fueron eliminados por el éxito de los dinosaurios, y que realmente no se desarrollaron sino hasta después de que los dinosaurios se extinguieron", explica Elis Newham, de la Universidad de Southampton y coautora del estudio. Pero ahora se sabe que "los mamíferos habrían evolucionado y prosperado mucho antes de que concluyera la era de los dinosaurios".[154,145]

En una entrevista televisiva, una dama le hizo esta pregunta al conocido ateo Richard Dawkins: "Dé un ejemplo de mutación genética o de un proceso evolutivo que demuestre que aumenta la información del genoma". La respuesta fue un largo silencio, y luego dijo algo que no respondió a la pregunta.[146] ¿Por qué no pudo responder?

Niles Eldridge, encargado del Museo Americano de Historia Natural en Nueva York, dijo sin rodeos: "La selección natural no conlleva a la creación de nuevas especies." Lógico, pues la selección no crea nuevas informaciones capaces de generar un nuevo género, sino que elige las que el animal puede vivir mejor y nada más; y luego se adapta a ellas.[147]

Como vimos, para generar nueva información genética, se requiere tanto un cambio del ADN de las células del sistema nervioso central, como del ADN de cada célula, a fin de que no se produzcan confusiones de órdenes y respuestas de rechazo. Debemos aclarar que algunos taxonomistas confunden variaciones de especie por nuevas especies (de paso hay grandes divergencias respecto a esto). En tal caso aceptaríamos esos cambios (como ocurre con los pinzones de la isla Galápagos, que por tener picos cortos o largos ya los clasifican como nuevas especies), pero no de nuevos "géneros" taxonómicos, como dice la Biblia; y que la presenta como un desafío que sigue en pie desde hace 35 siglos.

---

[143] E. Rimmer, *La teoría de la evolución y los hechos de la ciencia*, (Bs. As.: Junta Baut. de Publicaciones, 1941), pp. 141,142.

[144] W. D. Matte3w, "The Most Signifucant Fossil Finds of the Mongolian Exioditions", *Natural History*, Vol. XXVI,(EE.UU.: 1926), p. 532.

[145] "Mamíferos evolucionaron antes de la extinción de los dinosaurios", *Ciencia*], Artículos Relacionados. En: www.zocalo.com.mx es editado y producido por Grupo Zócalo Tel. (Visto el 27/09/16).

[146] Richard Dawkins, *¿Perplejo por pregunta creacionista?,* www.youtbe.com/watch?v=51-tpnzbMXI. (visto el 7 de enero de 2017).

[147] Niles Eldridge, "An Extravagance of Species (The Diversity of Fossil Trilobites Poses a Challenge to Traditional Evolutionary Theory)", *Natural History*, Vol.89, No.7 (July 1980) p.46.

El geólogo Derek Ager declaró: "Debe ser significativo que casi todas las narraciones evolucionarias que aprendí como estudiante... han sido desacreditadas".[148] Y por el gran número de eslabones fósiles descartados, D. Raup, de la Universidad de Harvard, dijo: "Tenemos menos ejemplos de transiciones evolutivas ahora, que las que teníamos en el tiempo de Darwin.[149] Respecto a la falta de fósiles transicionales, el evolucionista George Simpson tuvo que decir: "En este respecto hay una tendencia hacia una falta sistemática en los documentos de la historia de la vida. Se hace así posible pretender que estas transiciones no se conservan porque no existieron".[150]

Debido a esta realidad, Stephen J. Gould propuso la teoría del Equilibrio Puntuado que desarrolló con Niles Eldredge en 1972, donde la mayoría de los procesos evolutivos están compuestos por largos períodos de estabilidad, interrumpidos por saltos de bifurcación evolutiva. Pero R. Dawkins y los evolucionistas darwinistas le llamaron "evolución a tropezones". En realidad, los grandes cambios producidos por medio de mutaciones han sido 99% negativas, lo que resultó ser una espina para la teoría evolutiva. "Por muy numerosas que sean, las mutaciones no producen ninguna clase de Evolución" progresiva.[151] Si el darwinismo tuvo que ser corregido por el Neodarwinismo, esta teoría también.

Además, si la evolución siguiera en la actualidad con esos saltos sin que aparezcan las transiciones, hoy debería verse cómo un pez, antes de morir, podría transformarse en un anfibio; lo que nunca se ha visto. Y si fuera gradual por 50.000 a 500.000 años, como sugieren ahora en el Equilibrio Puntuado, ¿dónde estás las transiciones fósiles? No existen, sino las especies plenamente adaptadas que los teóricos presentan como transiciones. Es decir, por saltos (argumento en círculo).

Esto llevó a Pierre Grasse a decir que "los Milagros son la causa más común" en la evolución de las especies.[152] Otra vez nos desviamos de los argumentos académicos para acercarnos al estudio de los milagros. Además, como dice R. West, "En contra de lo que escriben la mayor parte de los científicos, el registro fósil no respalda la teoría darwinista de la evolución, porque es esta teoría la que empleamos para interpretar el registro fósil. Al actuar de esta manera, nos hacemos culpables de razonamiento en círculo, si luego decimos que el registro fósil respalda esta teoría.[153]

Y continuando con los "milagros", por la segunda ley de la termodinámica sabemos que lo caliente se enfría, lo compuesto se descompone y la vida envejece y muere. Cuanto más tiempo pasa, mayor es su obra en un círculo cerrado. Los rayos solares permiten abrir un poco este círculo. Pero si esta ley existe, es porque el sol no puede detener la entropía de

---

[148] Derek V. Ager (Departamento de Geología, Colegio Imperial de Londres), 'The nature of the fossil record', *Proceedings of the Geological Association*, Vol. 87, 1976, pp. 132-133.

[149] David Raup, Conflicts Between Darwin and Paleontology, *Field Museum of Natural History*, Vol. 50, No. 1 (January 1979) p.22.

[150] George Simpson, *El sentido de la evolución*, (Bs. As.: Eudeba, 1963), p. 161.

[151] Pierre-Paul Grassé (destacado zoólogo evolucionista francés). Véase *La Evolución de lo Viviente* (Ediciones H. Blume, Madrid).

[152] Pierre Paul Grasse, *Evolution of Living Organisms* (New York: Academic Press, 1977), pp.88,103.

[153] Ronald R. West, Ph.D. «Paleontology and uniformitarianism», *Compass*, vol. 45, mayo de 1968, pág. 216.

la vida, y con ella, la entropía de la teoría de la evolución (esta es otra gran espina para la teoría).

Y con esto la pregunta viene sola: "Por qué los evolucionistas aseguran que esta ley obra en la vida en sentido contrario" a lo que vemos? No sólo tratan de hacerla cumplir en sentido contrario, sino que además dicen que cuánto más millones de años pasan, mayor es su supuesto beneficio aleatorio. Por eso es que el evolucionismo se acerca peligrosamente al panteísmo.

Por ejemplo, para la evolución de las plantas con flores, ellos explican que al ver volar a los insectos, los colibrís y los murciélagos, pensaron que fabricando flores de colores atractivos, podían atraerlos para que les ayudaran en la reproducción. Muy ingenioso. Pero, ¿con qué cerebro pensaron esto las plantas; y cómo los vieron volar? Y las abejas que ya existían por tanto tiempo, ¿cómo pudieron sobrevivir hasta que aparecieran las primeras flores? Son preguntas muy sencillas, ¿verdad?

Siendo que los vegetales no tienen medios de transporte, también dicen que crearon el mecanismo de la fotosíntesis para poder alimentarse. Pero, ¿cómo lo lograron, cuando involucran entre 100 y 300 etapas químicas, de las cuales los mejores bioquímicos sólo conocen unas pocas? Ellos se desesperan por conocer la fórmula, pues saben que el hambre en el mundo llegaría a su fin. ¿Por qué y cómo los vegetales saben más que el hombre? Nunca se dio una respuesta.

Frente a estos problemas, muchos evolucionistas aseguran tener la solución, asegurando que ese "azar" de la Madre Naturaleza no es inconsciente, pues tendría la capacidad de llevar la vida más simple al Homo sapiens. Esta sabiduría natural sería aún mayor a la capacidad humana, pues, como vimos, posee la capacidad de prever por miles de millones de años de anticipación, la necesidad de cada vida.[154]

En resumen, los evolucionistas, que tanto se esmeran en descalificar a los científicos creyentes, le dan a la naturaleza las mismas capacidades supra-humanas que posee la Divinidad, acercándose peligrosamente a las filosofías panteístas.

El origen del mecanismo sexual de los animales es otro serio problema para la teoría darwinista. Hasta hace poco se pensaba que el origen evolutivo del sexo tuvo lugar en épocas relativamente resientes de la historia de la evolución de los vertebrados. Pero ahora los teóricos le dan comienzo a la época de los placodermos.[155] Eran peces acorazados con mandíbulas primitivas armadas de placas cortantes. Aparecieron a finales del Silúrico y desaparecieron a finales del Devónico.

Esto complica más el problema, pues esos primitivos animales marinos no podían poseer la inteligencia suficiente para crear la idea, y luego trasmitirla a su grupo para estudiarlo y llegar a un acuerdo, pues sin este acuerdo sería imposible. Luego de llegada la conformidad al plan, tenían que estudiar la forma de fabricar los órganos sexuales. ¿Cómo comunicaron sus planes y se entendieron? Los evolucionistas no creen necesario detenerse

---

[154] Orlando R. Ritter, "Construindo uma visâo criacionista do mundo", *Folha Criacionista*, (Brasilia: Sociedade Criacionista Brasileira, 1972), p. 14.

[155] *El origen del sexo*, En: https://www.muyinteresante.com.mx/medio-ambiente/evolucion-desarrollo-relacion-sexual/

aquí para responder a la pregunta. El segundo gran problema era fabricar los órganos exteriores sin manos, sino sólo con la boca. Y creen que lo lograron antes de la muerte para que la especie sobreviviera, ya que la teoría de los caracteres adquiridos de Lamarck ya fue desvalorizada. Tercero, debían estudiar bioquímica para fabricar la parte interna, grabándola en el ADN, a fin de que él se encargara de difundir las órdenes en el organismo; y que esas substancias incentivaran el deseo de hacerlo, pues de lo contrario, la especie llegaría a su fin.

Los evolucionistas creen que esto se logró a través de muchas generaciones mediante los caracteres adquiridos, y retransmitidos para su perfeccionamiento. Y mientras tanto, ¿cómo resolvieron el problema de la reproducción? Y si ya estaba resuelto, ¿para qué querían un nuevo sistema reproductivo tan complicado, que requería el acuerdo de otros? Nada de esto que usted lee se menciona en la teoría. Basta creer a los teóricos y es suficiente.

También se propuso la hipótesis de que se podría formar el árbol genealógico evolucionista, mediante el número de cromosomas existentes en los seres vivos, pues el chimpancé tiene 48 cromosomas y el hombre 46. Esto demostraría una aproximación evolutiva. Pero el resultado fue negativo: La secoya, el frijol y los gusanos tienen igualmente 22 cromosomas. Los perros y los pollos 78. También la nicotina (tabaco), y el chimpancé igualmente 48 cromosomas.

Pero un nuevo descubrimiento les levantó el ánimo. Comparando el genoma de los chimpancés con el hombre, un informe dio el 99,4% de semejanzas. El anuncio recorrió el mundo. Pero, como muchos otros anuncios evolucionistas, tuvo que ser corregido por otros científicos, dando un menor porcentaje de similitudes. En un estudio de 2002, en las Actas de la Academia Nacional de Ciencias de EE.UU., se encontró el 95%.5 Y realizando un estudio más minucioso, al año siguiente se obtuvo una similitud del 86,7%.[156]

En 2005 se anunció una igualdad de 96%, pero utilizando el genoma humano como soporte. Y además, no se tomó en cuenta que el genoma del chimpancé es 12% más grande, conteniendo zonas de su ADN todavía desconocidas y con genes que no posee el hombre, reduciendo otra vez ese porcentaje al 86%.[157]

Si a pesar de esto, los evolucionistas insisten que el genoma es una prueba fundamental, hay que tener en cuenta que en 2002 el Dr. Jane Rogers y su equipo, descubrieron que el ratón Mus músculus tiene la misma cantidad de genes que el hombre en el genoma, y las semejanzas llegan a un 99%.[158]

Las bananas y las moscas de la fruta tienen un 50%, las vacas y las lombrices un 75%, las ovejas y los delfines 80%, y los cerdos un 90%. Por supuesto, no creemos que el ratón Mus músculus sea nuestro ascendiente más próximo, ni que compartimos con las bananas la mitad de nuestra humanidad. Además, todos los evolucionistas saben que los chimpancés y los demás simios, nunca van a engendrar un Homo sapiens. Por eso en el árbol genealógico de la evolución, aparece en una rama colateral, y no como nuestro antecesor.

---

[156] Choi, C., "Monkey DNA points to common human ancestor". *Livescience*, http://www.livescience.com/humanbiology/070412_rhesus_monkeys.html 12 April 2007.

[157] Sodera, V., *One small speck to man*, (Vij Sodera Productions, UK, 2003), p. 386.

[158] Jane Rogers, *El mapa del genoma del ratón, un 99% coincidente con el del hombre*, http://www.elmundo.es/universidad/2002/12/05/tecnologia/1039076011.html.

También los delfines, los cerdos y muchas aves han reaccionado con mayor inteligencia en varios aspectos que un chimpancé. El guacamayo tiene un cerebro del tamaño de una nuez sin cáscara, mientras que el del mono macaco es como un limón. Sin embargo, el ave tiene más neuronas en su cerebro anterior (la parte del encéfalo asociada con el comportamiento inteligente) que el del primate.

Francis Collins, director del Proyecto Genoma Humano (1950), dijo sin rodeos: "El Dios de la Biblia es también el Dios del genoma. Se le puede adorar en un templo o en un laboratorio. Su creación es majestuosa, impresionante, compleja y hermosa".[159] Este gran científico no probó con esto la existencia de Dios. Sólo se expresó con la espontaneidad racional que los demás temen hacerlo.

Fraudes, graves errores, ocultamientos y disensos:

Son conocidos los fraudes y los ocultamientos de fósiles presentados como eslabones humanos, por encontrarse posteriormente con hombres recientes en el mismo estrato geológico. El Australopithecus de R. Dart no caminaba, como se anunciaba, y en el mismo estrato se encontró un hombre reciente. El hombre de Nebraska (1922) era un diente de jabalí; el Neanderthal de 1856 eliminado en 1960. Para el cráneo de Talgai de un millón de años, A. Meston reveló que se trataba de un negro fusilado y enterrado en el lugar. El de Pildown de 1912, eliminado en 1953. El Zinjantrophus de 1959, eliminado al año siguiente, y el Ramapithecus de 1964, eliminado en 1979. Lucy, de 1974, fue un simio con brazos largos, y manos con grandes nudillos para apoyarse en ellos como todo cuadrúpedo. La "Eva mitocondrial" de Allan Wilson, Mark Stoneking y Rebecca Cann, duró apenas una década, pues se trataba de un proceso rápido de mutaciones genéticas de hace pocos miles de años.[160]

El Homo floresciensis de 2004, se trataba de una mujer menuda con microcefalia. Y hoy el problema continúa, pues no se ponen de acuerdo dónde ubicar a nuestros ascendientes más próximos en el árbol de la evolución. De 12 árboles genealógicos que pude ver en la web, sólo 3 concordaban. Ésta es la verdad de los hechos.

Si nuestros primeros ancestros vivían hace unos seis millones de años, y los más próximos, como el Homo neanderthalensis hace unos 200.000 años, la raza humana no podría existir tal como la conocemos, pues para que el ADN pueda mantenerse en buenas condiciones de funcionamiento, gracias a la acción protectora de corrección del sistema de encimas glicosilases, las generaciones humanas no podrían sobrevivir después de unos 15.000 años por la ley de la entropía.

El paleoneurólogo Jean Jaques Hublin, de la universidad de Ámsterdam, verificó otra contradicción en la supuesta evolución humana. Notó que hay un descenso en el coeficiente intelectual del hombre, principalmente desde hace 150 años. A pesar de los medios actuales para obtener información, observó que según el número de habitantes, el número de inventos era a fines del siglo XIX y principios del XX, cuatro veces mayor al actual. También estudios en la capacidad craneal en los hombres de Cromagnon y Leanderthal era de hasta 1750 cc.,

---

[159] Francis S. Collins, *The Language of Cod: A Scientis vidence for Belief*, (EE.UU: Free Press, 2006), p. 211.

[160] Roger Lewin, "The Unmasking of Mitochondrial Eve", *Science*, (New Series, Vol. 238, No. 4823. Oct. 2, 1987), pp. 24-26).

siendo hoy el promedio de 1350 cc. Aunque la relación tamaño y eficiencia cerebral no siempre es directa, podría serlo, siendo difícil de explicar para los evolucionistas. Richard Haier, de la Universidad Irvine, California, dice que no hay en el cerebro una zona especializada en la inteligencia, sino que ésta se mide por las conexiones efectivas entre las zonas cerebrales.[161]

Según la teoría de la evolución, los homo sapiens aparecieron en la Tierra hace medio millón de años. Tomando esa fecha como punto de partida, se puede verificar matemáticamente si está en lo correcto o no. Para ello se puede utilizar la fórmula de crecimiento de población humana P = (P0)e^(rt), donde (P0) = población actual,e = 2,7182, r = tasa de crecimiento y t = tiempo. Comenzando entonces con un hombre y una mujer y utilizando una tasa de crecimiento promedio anual del 0,456% (muy por debajo del actual 1,7%), entonces la población mundial sería de 2,45 x 10 elevado a la 990 potencia de habitantes actualmente. Con esta cifra no habría capacidad para albergar una cantidad semejante de humanos en el universo. ¿Nunca se detuvieron para pensarlo?

Los evolucionistas J. Gribbin y J. Cherfas tuvieron que confesar: "Debemos admitir que la historia de la paleontología no brilla como un ejemplo de la búsqueda de la verdad, especialmente cuando se trata de la verdad del origen del hombre".[162] Francis Petter agregó: "Nuestro parentesco con los grandes simios antropoides no deja lugar a dudas... todos los intermediarios se han extinguido".[163]

Nos alegra que hayan abandonado la teoría de la sabana con vegetación alta, como causante del cambio a la posición bípeda de los simios. Era realmente infantil y nada serio. Lamento que tantos antropólogos se hayan dejado llevar sin dedicar un momento para considerarlo, ya que en ese caso hoy debería haber simios entre vegetación alta con tendencia a la posición bípeda, lo que no se ve. Ahora se teoriza con el hueso esfenoide, según su formación y posición en la base del cráneo. Pero una simple pregunta pone a la hipótesis en duda: ¿Es el cambio de forma del esfenoide el que humaniza a los simios, o los distintos animales revelan cuál debe ser su esfenoide? ¿Es un hueso modelador, o modelado por el genoma de cada especie? Esta pregunta deja al investigador a mitad de camino entre el evolucionismo y el creacionismo.[164]

Las contradicciones y la deshonestidad son preocupantes. El Dr. Carl Werner visitó varias bodegas de museos de historia natural, y encontró 432 especies de mamíferos en el mismo estrato de los dinosaurios. Vio aves modernas, como lechuzas, pingüinos, cigüeñas, loros, y patos. También 100 esqueletos de mamíferos completos, entre ellos monos, que no quisieron mostrar al público, por la sencilla razón de que la teoría presentada como un hecho,

---

[161] *Qué es y de dónde proviene la inteligencia humana.* https://www.youtube.com/watch?v=TV4nDYqnAEY.

[162] "¡Descubrimiento sensacional! ¡Tejidos blandos y elásticos de dinosaurios!" *Ciencia de los orígenes*, nº 72, (Lomalinda, California: Geoscience Research Institute, 2006), pp. 1-4.

[163] Francis Petter, *Los mamíferos*, (Bs. As.: Eudeba, 1966), p. 94.

[164] *Homo futurus. Documentales evolución humana*, https://www.youtube.com/watch?v=FLxMhBa7-a8. (Visto 10-4-2017).

caería por su propio peso. Esto motivó a varios paleontólogos evolucionistas a admitirlo con nuevas propuestas teóricas.[165]

En lo que es hoy el Dinosaur Valley State Park en Glen Rose, se encontró una huella humana contemporánea con la de dinosaurios. Un estudio revela que se trata de una huella de mujer de gran tamaño. El Dr. Roland T. Bird, explorador por cuenta del Museo Americano de Historia Natural de la ciudad de Nueva York, examinó las huellas del río Paluxy y publicó lo examinado como algo nunca visto, en el número de mayo de 1939 de la revista *Natural History*. Henry McDonald examinó el lugar en 1987, confirmando el hecho. Y en 1992 llegaron al lugar antropólogos del Instituto Smithsoniano. Examinaron la escena, confirmaron las huellas humanas, y publicaron el hecho en la revista "Smithsonian", pero sin dar una sola explicación por la presencia de esas huellas humanas, que desmoronan la teoría de la evolución. Testificaron su presencia, pero sin decir nada.

La huella de dinosaurio en piedra caliza del cretácico que se encontró en la orilla del río Paluxy River es de aproximadamente 30 cm de largo, y se halla cerca de otras similares. Las primeras excavaciones en esta área, revelaron huellas humanas pisadas posteriormente por un dinosaurio, dejando una huella sobre la otra, lo que difundió el rumor de que las huellas humanas tenían garras. Los geólogos del Instituto Smithsonian vieron que las huellas continuaban hacia una zona que no había sido descubierta por una fuerte lluvia y posterior correntada. Pero decidieron no investigar el lugar. En cambio sí lo hicieron con la familia de George Adams, que, debido al aumento del turismo de la zona, decidió tallar huellas falsas que decía que había recortado del terreno para vender. Y con esto los evolucionistas se fueron satisfechos.

Pero no todos los investigadores se quedaron con eso, y decidieron trabajar en la zona que todavía estaba cubierta. En su obra *Footprints in the Sands of Time* (Huellas de pies en las arenas del tiempo), el doctor Clifford L. Burdick visitó la zona. Burdick e hizo analizar una de las tantas huellas fósiles humanas de Glen Rose que eran verdaderas, y la llevó a la Universidad de Loma Linda, en California, y la seccionaron con un diamante. Y comprobaron que era auténtica. La investigación fue comprobada también por otros especialistas como el Dr. Cecil N. Dougherty, Hans-Joachim Zillmer y otros. Entonces con posteriores excavaciones se desenterraron huellas humanas de gran tamaño junto a huellas de un Acrocantossauro. También se halló una huella de mano humana.[166]

También en 1987 Jerry MacDonald descubrió varias huellas humanas fosilizadas en Robledos Mountains en New Mexico no demasiado lejos de la huella Zapata. La revista científica *Smithonian* publicó un artículo en julio de 1992. El artículo reconocía lo que denominaron: 'problemática arqueológica'. Y en él describía huellas de grandes mamíferos y pájaros que "son claramente del Pérmico", pero no dio una explicación de la huella humana

[165] *Mamíferos evolucionaron antes de la extinción de los dinosaurios*, http://www.zocalo.com.mx/seccion/articulo/mamiferos-evolucionaron-antes-de-la-extincion-de-los-dinosaurios-1465412649, 8-6-16.

[166] *Más del 90% de los mamíferos desaparecieron con el meteorito que extinguió a los dinosaurios*, http://es.makemefeed.com/2016/06/21/mas-del-90-de-los-mamiferos-desaparecieron-con-el-meteorito-que-extinguio-a-los-dinosaurios-2700864.html. (visto 27-9-16).

del terreno, pues confirmaría la existencia del hombre hace unos 280 millones de años evolucionistas.[167]

"En abril de 1971, se dijo que se encontró, por excavaciones practicadas en el lugar denominado El Boquerón, perteneciente al estado de Tolima, en Colombia, un esqueleto fosilizado de un dinosaurio de la especie iguanodonte, de veinte metros de longitud, junto a un cráneo humano".[168]

En 1987, en Perú, un investigador de la Universidad de San Luís de Gonzaga, publicó el hallazgo de unos restos humanos fosilizados junto a una masa de huesos de dinosaurios, que hasta hoy los evolucionistas lo mantienen en silencio. En el reportaje se dijo: "Se aprecian las vértebras dorsales, lumbares, parte de los huesos de los hombros, la columna completamente erecta, el hueso sacro y algunas costillas·". En estos arenales también hay una enorme cantidad de huevos de dinosaurio.[169]

En 1983 el profesor Amanniyazov, Director del Instituto de Geología de Turkmenia, informó del hallazgo de huellas humanas en estratos del Mesozoico. Encontraron más de 1.500 huellas de dinosaurio en las montañas del sudeste de la república.[170] La edad de las huellas es de al menos 150 millones de años. Y las huellas humanas tienen 26 cm de longitud, es decir que eran de un humano más alto que los actuales.[171]

En 1974 el doctor A.A. Zoubov, antropólogo ruso y miembro de la Academia de Ciencias de su país, llegó a la ciudad de Ica invitado por la Universidad Nacional "San Luis Gonzaga", y manifestó que en 1973 antropólogos hindúes encontraron fósiles humanos en rocas mesozoicas, es decir entre 251 y 66 millones de años. El descubrimiento fue dado a conocer por los antropólogos hindúes a la Academia de Ciencias de la URSS.[172]

Se puede encontrar en los museos, buen número de pinturas rupestres y dibujos en restos arqueológicos, de cerámicas pintadas de hombres con dinosaurios. Los doctores Robert Carter, Andrews Snelling, David Catchpoole y John Norris presentan gran cantidad de dibujos, esculturas y bajorelieves de épocas muy anteriores a los que muestran actualmente y en los cuatro continentes, ¿cómo pudieron hacerlo tan semejantes a los fósiles que hoy se muestran en los museos, si nunca los habrían visto? [173]

El silencio y el ocultamiento de pruebas se vio también con el hallazgo de unos ejemplares fosilizados de Tyranosaurio Rex, donde en la médula de los huesos todavía había tejido blando, y también tendones y glóbulos sanguíneos.[174] Por esta divulgación, que al

---

[167] "Petrified Footprints: A Puzzling Parade of Permian Beasts", *The Smithsonian*, Vol. 23, July 1992, p.70).

[168] Santiago Escuain, *Sobre la coexistencia del hombre y de los dinosaurios*. En: http://www.sedin.org/propesp/X0043_3-.htm.

[169] La revista *Gente*, de Lima, en su número 615, (19 de noviembre, 1987), págs. 4-8.

[170] Rubstsov, "Tracking Dinosaurs," *Moscow News*, No. 24, (1983), p. 10,

[171] Kurban Amanniyazov, "Old Friends Dinosaurs," *Science,* in the USSR T 986, p. 103-107.

[172]1974: antropólogo ruso A.A. Zoubov reportando sobre "fósiles humanos englobados en rocas mesozoicas" en India).

[173] *Vivieron los dinosaurios con los humanos?* https://www.youtube.com/watch?v=zPgJfsOcurg

Los doctores Robert Carter, Andrews Snelling, David Catchpoole y John Norris presentan gran cantidad de dibujos, esculturas y bajorelieves de épocas muy anteriores a los que muestran actualmente y en cuatro continentes, ¿cómo pudieron hacerlo tan semejantes a los actuales, si nunca los vieron?

[174] John Gribbin y Jeremy Cherfas, *The First Chimpanzce: In search of Thuman Origins*, (London, Penguin Books), p. 59.

principio fue motivo de burlas, después fue confirmada por la especialista Higby Schweiltzer. Y desde entonces se anuncia gran cantidad de fósiles de decenas de millones de años con material fresco, pero haciendo silencio de lo que esto significa para la Teoría Sintética de millones de años.[175]

Como se sabe, por la acción de la entropía que está sujeta la naturaleza viva, no puede haber más que 268 generaciones de ADN por la acción de las mutaciones. Pero al encontrarse tejidos blandos en uno de esos dinosaurios, el incrédulo jefe de un laboratorio exigió repetir la medición del radio-carbono 17 veces. Furioso por los resultados adversos expulsó a su descubridor. Pero el controvertido ejemplar MOR555, llamado Wankel T-rex, se lo puede ver en el Museo de los Rockies en Montana, EE.UU. Y hoy son pocos los que niegan estos hechos.

En su película: *Expulsado: No Intelligence Allowed*, muestra a los espectadores que la teoría darwinista influyó en el aumento y sostenimiento del movimiento a favor de la eugenesia, la Alemania nazi y el Holocausto. Y muestra también a los defensores del diseño inteligente, como víctimas de la discriminación intelectual por parte de la comunidad científica evolucionista, donde varios científicos perdieron sus puestos de investigación y enseñanza, por dudar de la teoría y permitir el disenso.[176]

CONCLUSIÓN

Ante hechos como este, el paleontólogo Collin Patterson no exageró cuando dijo que el evolucionismo ha llevado a muchos científicos a "dar un positivo anti-conocimiento".[177] Løvtrup añadió: "Yo creo que un día el mito de Darwin será considerado entre las más grandes mentiras de la historia de la ciencia".[178] Y Michael Denton apodó al darwinismo como "ni más ni menos que el gran mito cosmogénico del siglo XX".[179]

En 1954, siendo aún un ateo acérrimo, el premio Nobel George Wald escribió en Scientific American: "La opinión arreglada era creer en la generación espontánea; y la única alternativa era creer en un solo hecho principal de la creación sobrenatural. No hay una tercera posición. La mayoría de los biólogos modernos, habiendo examinado con satisfacción la caída de la hipótesis de la generación espontánea, pero aun estando indispuestos a aceptar la creencia alternativa de la creación especial, se quedan sin nada... Cuando se trata del origen de la vida sólo hay dos posibilidades: Creación o generación espontánea. No hay una tercera opción. La generación espontánea fue refutada hace cien años, pero eso sólo nos lleva a una sola conclusión diferente: la de la creación sobrenatural. No podemos aceptar eso por razones

---

[175] *Tejido orgánico fresco en un Tyranosaurio rex*, 30-04-1006, http://www.xatakaciencia.com/paleontologia/tejido-organico-fresco-de-un-tiranosaurio-rex.

[176] Ver vídeo: "Diseño Inteligente perseguido". En: https://www.youtube.com/watch?v=22xHla-Vozk. (Visto 5-7-17).

[177] Luther D. Sunderland, "Un destacado científico británico desafía el evolucionismo", *Creación*, (Barcelona: Coordinadora creacionista, Edit. Escuain, 1984), pp. 2,3.

[178] S. Løtrup, *Darwinism: The Refutation of a Mit.*, (Londres: N. York y Sydney: Croom Helm, 1987), p. 422.

[179] Michael Denton, Evolution: A Theory in Crisis, citado en CO, (USA.: setiembre-diciembre 1992), p. 4.

filosóficas, por lo tanto, escogemos creer lo imposible: ¡que la vida surgió espontáneamente por casualidad!!".[180] Pero después fue más directo, y dijo "que una mente [...] ha existido siempre como la matriz, la fuente y la que pone condiciones para la realidad física [...]. Es una mente la que ha compuesto un universo que engendra la vida".[181]

El físico inglés Henry S. Lipson concluye: "Me parece que deberíamos ir más allá y admitir que la única explicación aceptable es la creación. Sé que eso es anatema para los físicos, como desde luego lo es para mí mismo, pero no debemos rechazar una teoría que no nos gusta si la evidencia experimental la apoya".[182]

John Ankerberg y John Widon, preguntan: "Si el creacionismo científico es realmente una religión enmascarada como una ciencia (pseudo-ciencia) y la teoría de la evolucionista es una ciencia verdadera, ¿por qué es que, literalmente, miles de científicos de primera clase en el mundo entero, han abandonado la evolución como teoría científica y se han convertido en creacionistas científicos?"[183]

M. J. Behe corrige el argumento evolucionista materialista, diciendo: "La inferencia del diseño se puede sostener con toda la firmeza que es posible en este mundo, aun sin saber nada sobre el diseñador".[184] Simplemente es el resultado de una mente libre de prejuicios que, ante una muestra que revela claramente un diseño inteligente, se concluye que es la obra de una inteligencia X. Más allá de esto la ciencia no puede ni le corresponde teorizar.

El evolucionista Niles Eldredge confesó: "Los paleontólogos han dicho que la historia [evolutiva] de la vida se sustenta, sabiendo todo el tiempo que no es así. Pero, ¿cómo pudo ser perpetrado un engaño de esta magnitud por todo el cuerpo de una ciencia respetada, dedicada casi por definición a la búsqueda de la verdad?"[185]

Ante estos hechos que niegan la alternativa de la evolución biológica, las críticas contra ella no se hicieron esperar. Entre ellas había críticas de varios científicos de la Academia Nacional de Ciencias de EE.UU., de la Academia Nacional de Rusia; de Hungría y Checolovaquia. También científicos graduados de la Universidad de Oxford, Cambridge, Harvard, Yale, Princenton, Dartmouth, Chicago, Atanford, MIT, CU, Bekerley, UCLAY y otras. Y en noviembre de 2001, en el Discovery Institute, se firmó un documento por más de un millar de científicos, muchos de ellos premios Nobel, diciendo: "Somos escépticos respecto a las afirmaciones que sostienen que las mutaciones aleatorias y la selección natural puedan explicar la complejidad de la vida. Se debe alentar a que se realice un examen de la evidencia sobre la teoría darvinista".[186]

---

[180] George Wald, 1954, "The Origin of Life," *Scientific American*, 191 [2], pp. 45-46; 48.

[181] George Wald, 1984, "Life and Mind in the Universe", *International Journal of Quantum Chemistry: Quantum Biology Symposium* 11, 1984: 1-15.

[182] H. S. Lipson, «A Physicist Looks at Evolution», *Physics Bulletin*, vol. 31, 1980, citado en The Quote Book (Australia: *Creation Science Foundation*, 1984), pág. 5.

[183] John Ankerberg y John Weldon, *Los hechos acerca de la creación versus evolución*, (Miami, Fl. USA: Harvest House Publishers, 1995), p. 44.

[184] Behe, p.245.

[185] Philip E. Johnson, Proceso a Darwin, (Gran Rapids, MI, EE.UU: Santiago Escuain,1995), pp., p. 68,69.

186 "Una disensión científica del darwinismo" en *Discovey Institute*:
A Scientific Dissent From Darwinism,
http://www.discovery.org/scripts/viewDB/filesDBdownload.php?command=download&id=660.

El premio Nobel en física William A. Fowler dijo: "Hay una Inteligencia coexistente con el universo, y esa inteligencia y el universo se necesitan mutuamente". El cosmólogo Michio Kaku dijo: "He llegado a la conclusión de que estamos en un mundo creado por reglas formadas por inteligencia. Créanme: Todo lo que llamamos oportunidad no tendrá sentido nunca más. Para mí está claro que existimos en un plan que se rige por reglas que fueron creadas; formadas por una inteligencia universal, y no por casualidad. La resolución final de la solución podría ser que Dios es un matemático [...]. Algunos científicos afirman que el universo no requirió de ninguna ayuda de origen divino para iniciar su existencia. Y algunos religiosos piensan que Dios creó los cielos y la tierra. Pero si el cosmos no necesitó de Dios para crearse y se constituyó a sí mismo, deberíamos atribuirle al propio universo la divinidad que le atribuimos a Dios".[187]

Dra. Leslie Wickman escribió que "cuando observamos la complejidad del cosmos, desde las partículas subatómicas hasta la materia y la energía oscura, rápidamente concluimos que debe haber una explicación más satisfactoria que una simple casualidad. Si se practica adecuadamente, la ciencia puede ser un acto de adoración al ver a Dios revelarse a sí mismo en la naturaleza. Si Dios verdaderamente es el creador, entonces Él se revelará a través de lo que ha creado, y la ciencia es una herramienta que podemos usar para descubrir esas maravillas".[188]

Y Derek Barton, Premio Nobel en 1969, concluyó: "Dios es la Verdad. No hay incompatibilidad entre ciencia y religión. Ambas están buscando lo mismo: la verdad. La ciencia demuestra que Dios existe".[189]

Todavía los científicos del DI y los evolucionistas no se han dignado a reunirse para una investigación conjunta, y poder llegar a un acuerdo con la verdad de los hechos. Todavía no se convencieron que científicamente Dios no se puede probar ni desaprobar, y por lo tanto, no tienen excusa para obrar juntos a favor de la verdad que el mundo necesita. Según creo, en honor a la verdad, es necesario que este bipartidismo científico termine cuanto antes, mediante un gran gesto de humildad de todos los científicos.

*

[187] *¿Dios existe o no existe? Las pruebas de la Ciencia.* https://www.youtube.com/watch?v=150KDbfzHnE. Visto el 1-11-18).

[188] *Nuevo hallazgo sobre el Big Bang ofrece pruebas de Dios, dice científica en CNN.* En: https://www.aciprensa.com/noticias/nuevo-hallazgo-sobre-el-big-bang-ofrecepruebas-de-dios-dice-cientifica-en-cnn-77377/ (Visto el 13-10-19).

Leslie Wickman, es presidente de Ingeniería y Ciencias de la Computación, así como Directora del Centro de Investigación en Ciencias (CRIS), en la Universidad Azusa Pacific (APU).

[189] Derek Barton, citado en *Margenau and Varghese,* (1997), p. 144; First published: 26 January 2004. https://doi.org/10.1111/0591-2385.2011999201.

Printed by Books on Demand GmbH, Norderstedt / Germany